BIBLIO-BIOGRAPHIE

DU

MARQUIS DE SADE.

LE MARQUIS DE SADE.

De la collection de M. de la Porte.

LE
MARQUIS DE SADE,

PAR

JULES JANIN.

~~~~~

La vérité sur les deux procès criminels

DU

MARQUIS DE SADE

par

le Bibliophile JACOB.

Le tout précédé de la BIBLIOGRAPHIE

des Oeuvres du Marquis de Sade.

PARIS.

Chez les marchands de nouveautés,

1834.

BIBLIOGRAPHIE
DES
PRINCIPALES ŒUVRES
DU
MARQUIS DE SADE.

Avant de donner sur la vie du Marquis de Sade, les spirituelles dissertations de deux écrivains aimés du public, à cause de cette verve entrainante et de ce brillant éclat de style qui caractérisent toutes leurs productions, nous devons parler des écrits de ce phénoménal et célèbre ordurier. C'est une entreprise difficile, mais que nous accomplirons avec tous les ménagements qu'elle réclame, en nous renfermant dans le cadre étroit de la froide et sévère nomenclature bibliographique.

1° Oxtiern *ou* les malheurs du libertinage, *Versailles* An VIII, in-8.
2° Julia, *ou* le mariage sans femme, folie-vaudeville en un acte.
3° Le Misanthrope par amour, *ou* Sophie et Dufranche 1790.
4° L'homme dangereux, ou le Suborneur. 1790.
5° La France foutue, comédie lubrique et royaliste *très-rare*. 5796 (1796, fausse dâte.)
6° L'épreuve, comédie en un acte et en vers. 1782.

7° L'école du jaloux ; le boudoir. 1791.

8° Cléontine *ou la fille malheureuse*, drame en 3 actes.

9° Justine *ou* les malheurs de la vertu. *Hollande*, chez les libraires associés, 1791, 2 vol. in-8 de 285 et 191 pages. 1ere édition.

10° 2me Edition. idem, idem. 1791. 2 vol. in-12. de 557 et 228 pages.

11° 3me Edition. *Londres*, 1792. 2 vol. in-8 de 291 et 306 pp. avec 6 figures obcènes.

12° 4me Edition. (indiquée 3me) corrigée et augmentée ; *Philadelphie*, 1794, 2 vol. in-18 avec 8 gravures.

13° 5me Edition. *En Hollande*, 1800, 4 vol. in-18 avec 4 ou 12 figg. bien gravées, de 136, 136, 134 et 132 pp.

14° *Juliette* ou la suite de Justine. 1796, 4 vol. in-8. 1ere édition.

15° *La nouvelle Justine, ou* les malheurs de la vertu *suivie de* Juliette, sa sœur, *ou* les Prospérités du vice. *Hollande* (Paris, Bertrandet?) 1797, 10 vol. in-18. frontispice et 100 figg. gravées avec soin. C'est la troisième rédaction du Marquis. On doit trouver à la fin du T. VI *l'indication au relieur*, contenant l'ordre des gravures, en 4 pages, mais qui manque à beaucoup d'exemplaires. Dans cette édition *Juliette* occupe 6 volumes, avec 60 gravures.

La figure du T. 2. représentant une parodie des cérémonies religieuses, manque dans quelques éditions que l'on croit avoir été imprimées sous la date de 1797, avec 100 grav. seulement, moins bien exécutées que celles citées au N° 15°. On trouve aussi les mêmes figg. lithographiées, ou modifiées, ou presqu'au trait.

Bref, toutes ces Editions de *Justine et Juliette*, sont chères, et un exemplaire complet vaut de 3 à 500 francs.

Les dessins originaux, annotés par de Sade, existent aujourd'hui dans le cabinet d'un bibliophile distingué.

16° La philosophie dans le boudoir. Londres. 1795, 2 parties, pet. in-12, avec 5 gravures; 190 et 216 pp.

17° Idem. 1850, 2 vol. in-18, avec 10 lithographies obscènes.

18° Théorie du libertinage. cité par Rétif de la Bretonne.

19° Aline et Valcourt, *ou* le Roman philosophique écrit à la Bastille, un an avant la Révolution. *Paris*, Girouard. 1793 et 1795, 8 vol. pet. in-12.

20° Valmor et Lydia, *Paris*, 1798, 3 vol. in-12.

21° Alzonde et Koradin, *Paris*, 1799, 2 vol. in-18.

22° La marquise de Ganges. 1813, 2 vol. in-12.

23° Pauline de Belval; anecdote parisienne du dix-huitième siècle. 1769, 2 vol. in-12.

VIII.

24° L'Etourdi. *Lampsaque*, 1784, 2 vol. in-12.

25° Zoloé et ses deux acolytes. *Turin* (Paris) in-18. de l'imprimerie de l'auteur, 1800.

Production immonde dirigée contre Joséphine de Beauharnais, alors épouse de Napoléon consul, et Mesdames Tallien et Visconti. Ce roman fut la cause de l'incarcération définitive du Marquis, à Charenton, sur l'ordre même du 1er Consul, en 1801.

26° Les crimes de l'amour, *ou* le délire des Passions, Paris, An VIII. 4 vol. in-12.

27° L'Auteur des Crimes de l'amour, à Villeterque, folliculaire. in-12. de 19 pages.

28° Couplets chantés à son Eminence, Mgr. le Cardinal Maury, archevêque de Paris, le 6 octobre, 1812. à la maison de santé, près de Charenton. (*sous le voile de l'anonyme.*)

Le marquis a laissé en outre un grand nombre de manuscrits, dont plusieurs sont renseignés dans la *Biographie universelle* de Michaud.

Le marquis de Sade né le 2 juin 1740, à Paris, mourut à Bicêtre le 2 décembre 1814, à l'âge de 75 ans, d'une mort douce et calme, et presque sans avoir été malade.

Napoléon était alors à l'île d'Elbe.

Fin.

LE MARQUIS DE SADE.

Voilà un nom que tout le monde sait et que personne ne prononce, la main tremble en l'écrivant, et quand on le prononce, les oreilles vous tintent d'un son lugubre. Entrons si vous l'osez dans cette mare de sang et de vices. Il faut un grand courage pour aborder cette biographie, qui pourtant tiendra sa place parmi les plus souillées et les plus fangeuses. Prenons donc notre courage à deux mains, vous et moi. Nous accomplirons ensemble cette œuvre de justice : nous allons poser une lampe salutaire au bord de ce précipice infect, afin qu'à l'avenir nul imprudent n'y tombe. Nous allons regarder de près cet étrange phénomène, un homme intelligent qui se traîne à deux genoux dans des rêveries que n'inventerait pas un sauvage ivre de sang humain et d'eau-forte ; et cela pendant soixante-dix ans qu'il a vécu, et cela dans toutes les positions de la vie, enfant, jeune homme, grand seigneur ; dans sa patrie et à l'étranger, en liberté et en prison ; parmi les hommes raisonnables et parmi les fous ; pervertissant les uns et les autres, plongeant dans la même infamie la prison, le salon, le théâtre, le toit domestique et l'hôpital. Partout où paraît cet homme, vous sentez une odeur de soufre, comme s'il avait traversé à la nage les lacs de Sodome. Cet homme est arrivé pour clore indignement le dix-huitième siècle, dont il a été la charge horrible et licencieuse. Il a fait peur aux bourreaux de 93, qui ont détourné de cette tête la hache sous laquelle ont péri tous les anciens amis de Louis XV, qui n'étaient pas morts dans l'orgie. Il a été la joie du Directoire et des Directeurs, ces rois d'un jour, qui jouaient au vice royal, comme si le vice n'était pas, de son essence, une aristocratie aussi difficile à aborder que toutes les autres ; il a été l'effroi de

Bonaparte Consul, dont le premier acte d'autorité fut de déclarer que c'était là un fou dangereux ; car si Bonaparte avait pris cet homme au sérieux, cet homme était mort. A l'heure qu'il est, c'est un homme encore honoré dans les bagnes ; il en est le dieu, il en est le roi, il en est le poëte, il en est l'espérance et l'orgueil. Quelle histoire ! Mais par où commencer, et de quel côté envisager ce monstre, et qui nous assurera que dans cette contemplation, même faite à distance, nous ne serons pas tachés de quelque éclaboussure livide ? Cependant il le faut ; je le dois, je le veux, je l'ai promis, depuis assez longtemps je recule. Acceptez ces pages comme on accepte en histoire naturelle, la monographie du scorpion ou du crapaud.

Faisons d'abord la généalogie du marquis de Sade ; elle est importante ici plus qu'en tout autre lieu. Vous verrez quelles nombreuses races d'honnêtes gens précèdent ce monstre, et combien il fait tache dans cette noble famille. Comment il se fait que celui-là soit arrivé ainsi animé, pour succéder à tant de vertus, il n'y a que Dieu qui le sache. Toujours est-il qu'on ne pouvait pas descendre d'une source plus limpide. Qui le croirait? le marquis de Sade est un enfant de la fontaine de Vaucluse ! Son arbre généalogique a été planté dans cette chaste patrie du sonnet amoureux et de l'élégie italienne, par les mains de Laure et de Pétrarque. L'arbre a grandi sous le souffle tiède et embaumé de ces deux amans, modèles de toutes les vertus. François Pétrarque, ce Gibelin tout blond et tout rose que la guerre civile chassa de Florence, s'en vint à Vaucluse, pour y lire, loin du bruit des discordes, Cicéron et Virgile, ses deux passions romaines. La langue italienne n'était pas faite encore. Dante, ce Gibelin tout brun et tout âpre, n'avait pas encore élevé la langue vulgaire à la dignité de langue écrite ;

mais enfin Dante donna le signal; Pétrarque l'entendit, et ce fut dans cette langue toute neuve qu'il célébra son amour et sa *mie*, en véritable troubadour provençal. Cette femme, c'était la belle Laure de Noves, la femme de Hugues de Sade, qui l'avait épousée à dix-sept ans, jeune et belle, avec une dot de 6,000 livres tournois, deux habits complets, l'un vert, l'autre écarlate, et une couronne d'argent, du prix de 20 florins d'or. Ce fut dans l'église des religieuses de Sainte-Claire, le lundi de la semaine sainte, le 6 avril 1427, que Pétrarque rencontra pour la première fois la belle Laure. Il la vit, il l'aima; il aima *le corps et l'âme de Laure*, comme il est dit dans le *Dialogue de Pétrarque et de saint Augustin*. Quelle tendre passion! quels transports! quels emportemens muets! comme l'amour du poète se révèle et se déroule dans ces mille poésies innocentes, où il pleure son martyre, où il chante les rigueurs de sa dame, qui ne lui accorde pas même un regard! C'est là une histoire de pur amour, à laquelle ont ajouté foi les historiens les plus sceptiques. La vertu de la belle Laure a été si loin que Voltaire la traite d'*Iris en l'air*. Elle cependant, si elle fuyait l'amant, elle aimait le poète; elle le regardait de loin quand il se mettait à la contempler de toute son âme pendant qu'elle se promenait dans ses jardins. Le jour où le poète retourna à Rome pour recevoir la couronne de laurier au Capitole, Laure sentit une grande joie et une grande peine dans son cœur; et quand elle le revit, au bout d'un an, toujours amoureux et toujours fidèle, le front ceint du laurier poétique, et quand il eut chanté la gloire dans toute l'Europe et porté le nom de Laure à l'oreille de tous les rois, la belle Laure, toute sévère qu'elle était, ne put s'empêcher d'être plus favorable à ce grand poète qui l'aimait tant. Elle lui permit de l'accompagner à la fontaine de Vaucluse, elle écouta ses tendres paroles sans colère; et lui, il récitait à Laure ses beaux vers qu'attendait le monde. Ainsi ils vécurent, lui voyageur, elle dans sa maison : présente, il l'aimait; il la chantait absente. Elle cependant, retirée dans ses foyers, élevait sa nombreuse famille, et vieillissait dans l'exercice de toutes les vertus domestiques. Mais quelle fut la surprise et quelle fut la douleur du poëte quand il vit Laure pour la dernière fois! Elle était au milieu d'un cercle de dames, sérieuse et pensive, sans parure, sans guirlande, sans perles. Déjà la maladie dont elle mourut avait étendu sa pâleur sur ses belles joues. Laure, à l'aspect de son amant, lui jeta un regard si honnête et si calme, qu'il se prit à verser des larmes. Une horrible peste, venue d'Asie en Sicile, se répand dans toute l'Europe; elle frappa des premières la belle Laure. Aux premières atteintes du mal, Laure sentit qu'elle était perdue; elle se prépara tranquillement à la mort, elle fit son testament et reçut les sacremens de l'Eglise. Sa famille, ses enfants, ses amis, bravant la contagion, pleuraient en silence autour de son lit. Elle, toujours résignée, l'air calme et serein, rendit à Dieu son âme innocente et pure. Toute la ville la pleura comme on pleure une honnête mère de famille qui est morte en accomplissant ses devoirs. Elle fut enterrée dans l'église des frères cordeliers, dans la chapelle de la Croix, sépulture de la famille de Sade. Pétrarque était alors à Vérone, et il apprit la mort de cet ange dans ses rêves. Alors ses chants d'amour recommencèrent de plus belle. On croyait cette passion épuisée, et avec cette passion la poésie épuisée dans le cœur de Pétrarque; mais lui, fidèle amant et poète fidèle, recommença à aimer, à chanter de plus belle. C'est surtout lorsque Laure est morte que Pétrarque fait ses plus beaux vers, témoin le beau sonnet qui commence par ces mots : *Ah! qu'il*

était doux de mourir il y a trois ans aujourd'hui! et cette belle élégie latine : « Le six du mois d'avril, à la première
» heure du jour, dans l'église de Sainte-Claire d'Avignon,
» cette lumière fut enlevée au monde lorsque j'étais à
» Vérone, hélas! ignorant de mon propre sort! La mal-
» heureuse nouvelle nous en fut apportée par une lettre de
» mon ami Louis; elle me trouva à Parme, le 19 mai, au
» matin. Ce corps, si chaste et si beau, fut déposé dans
» l'église des frères mineurs, le soir du jour même de sa
» mort. Son âme, je n'en doute pas, est retournée au ciel,
» d'où elle était venue. »

Touchant éloge, bien digne d'une des plus belles et des plus innocentes femmes de son siècle. Le culte qui s'est établi autour du tombeau de la belle Laure est tout-à-fait un culte poétique. On la vénère comme une personne poétique; mais on l'aime comme une simple bourgeoise. Elle eut la beauté d'une Italienne et le chaste maintien d'une Française; elle se retira dans le foyer domestique comme dans un sanctuaire impénétrable à tout autre amour qu'au saint et éternel amour, qui commence sur la terre, mais qui continue dans le ciel pour ne plus finir. Elle était simple, elle était bonne, elle était douce, elle était humble d'esprit et de cœur, elle était la seule dans ce monde, ou elle fut tant chantée, qui ne se doutât pas de sa beauté divine; elle n'en crut même pas les vers de Pétrarque. Laure est l'idéal de la femme belle et modeste; à coup sûr elle était née pour rester vierge dans un cloître, ou pour être dans le monde la mère d'une nombreuse famille; car c'était là une femme qui comprenait tous les devoirs de la femme, et qui fut aussi chaste dans le mariage qu'elle l'aurait été dans le célibat.

Grâce à tant de vertus, à tant de beautés et aussi à tant

de beaux vers, le tombeau de la belle Laure vit arriver en pèlerinage les plus grands hommes, les plus grands princes et les plus beaux génies de la France et de l'Italie. Ce simple tombeau est placé en effet sur les limites des deux mondes poétiques auxquels Laure appartenait de son vivant, Italienne et Française à la fois; Italienne par la passion, Française par les vertus de la mère de famille. François Ier lui-même, ce roi galant, le Henri IV du seizième siècle, amoureux comme Henri et poète comme lui, s'en vint tout pensif au tombeau de la belle Laure : en se trouvant en présence de tant d'amour et de poésie, il se sentit touché par le souvenir de ces deux amans, Laure et Pétrarque, et il improvisa ces vers qui sont dignes de Clément Marot :

> En petits lieux compris, vous pouvez voir
> Ce qui comprend beaucoup par renommée,
> Plume, labeur, la langue et le savoir
> Furent vaincus par l'aymant de l'aymée.
> O gentille âme étant tant estimée
> Qui te pourra louer en se taisant ?
> Car la parole est toujours réprimée
> Quand le sujet surmonte le disant !

Vous sentez bien, qu'à l'exemple du roi François, tous les poètes du monde célébrèrent à l'envi ce modeste tombeau, dont la pierre, pour tout ornement et pour toute armoirie, était surmontée d'une rose, avec cette devise latine : *Victrix casta fides*. Clément Marot imita le premier son élève François Ier; le chancelier de l'Hôspital, cette haute et mâle vertu, ce modèle de la magistrature française, trouva de beaux vers latins au tombeau de Laure de Noves; en un mot, ce fut, pendant plusieurs siècles de l'histoire littéraire, une suite incroyable de louanges, de vers, d'éloges et de larmes à ce tombeau, jusqu'aux jours où le tombeau de Laure elle-même, si chaste dans sa vie, fut livré aux révolutionnaires, qui ouvrirent sa dernière demeure, et en jetèrent les cendres au vent. Que fîtes-vous alors pour vous défendre, vous la belle et blanche Laure, vous qui, surprise au bain par votre amoureux, vous fîtes un nuage des eaux transparentes de la fontaine de Vaucluse? Mais quoi! les révolutions ne respectent rien. Comme elles ouvrirent le tombeau de Laure, elles ouvrirent aussi celui du brave Crillon, placé dans la même église, Crillon, qui n'était pas à la bataille d'Arques, mais qui était dans son tombeau, tout entier, quand les révolutionnaires osèrent porter la main sur lui.

Telle est la source limpide et pure, tel est le filet d'eau transparente choisi tout exprès dans les ondes fraîches et poétiques de la fontaine de Vaucluse, qui a donné naissance à ce fétide marais qu'on appelle le marquis de Sade. Comment la fontaine sacrée a produit tant de fange, comment elle a pu déposer ce limon impur sur ses bords, comment le mélodieux et chaste retentissement des sonnets de Pétrarque a eu pour dernier écho tant de livres infâmes, dont le nom seul est une honte, Dieu le sait; mais Laure ne le sait pas, sans doute. O mon Dieu! que dirait-elle si elle savait de quelles œuvres elle est l'aïeule, et à quelle infâme créature elle a donné le jour! Et Pétrarque, que dirait-il?

Ici je suis forcé encore de faire la biographie de plusieurs honnêtes gens, ascendans directs de l'homme en question. Vous n'en verrez que mieux quelle grande fatalité a dû peser sur cette honorable famille, et quels sont ces malheurs imprévus dont le ciel frappe de temps à autre les plus vieilles maisons pour les mettre au niveau de tout ce qu'il y a d'impur au monde. Voilà, voilà, en effet, de tristes et amères leçons d'égalité.

Le mari de la belle Laure s'appelait Hugues de Sade ; il ne vit dans sa femme qu'une honnête bourgeoise, et il la pleura convenablement. — Paul de Sade, un de ses fils, fut un honnête et charitable évêque de Marseille, qui, après une longue vie passée dans l'exercice des vertus chrétiennes, s'éteignit doucement, et laissa tous ses biens à la Cathédrale de la ville. Un neveu de l'évêque de Marseille, Jean de Sade, fut un célèbre et irréprochable magistrat, un savant jurisconsulte ; il fut nommé par Louis II, roi d'Anjou, premier président du premier parlement de Provence. — Eléazar de Sade, son frère, premier écuyer et grand-échanson de l'antipape Benoit XIII, rendit de grands services à l'empereur Sigismond, qui lui permit d'ajouter l'aigle impériale aux armes de sa maison. — Pierre de Sade fut le premier viguier triennal de Marseille, de 1565 à 1568. Marseille était alors la proie d'une foule de brigands qui la désolaient. Charles IX chargea Pierre de Sade de purger de ces bandits sa bonne ville de Marseille. Aussitôt Pierre de Sade se mit à l'œuvre. C'était un homme de résolution et de cœur ; sa haute taille, son mâle visage, sa voix sévère, son regard perçant et sa justice étaient l'effroi des gens sans aveu, qui bientôt, grâce au magistrat, eurent abandonné la ville. — A la même époque, nous trouvons pour évêque de Cavaillon, Jean-Baptiste de Sade, vertueux et savant prélat, qui est l'auteur d'un livre chrétien : *Réflexions chrétiennes sur les devoirs pénitentiaux*. — Joseph de Sade, chevalier de Malte, capitaine des grenadiers, puis colonel d'infanterie, puis brigadier des armées du roi, puis enfin gouverneur d'Antibes, défendit et sauva cette place forte, la clef de la France, attaquée en même temps par l'armée austro-sarde et par une flotte anglaise. Il mourut maréchal de camp, en 1761. — Son fils, Hippolyte, fut un brave marin ; il se distingua au combat d'Ouessant, en 1778 ; l'année suivante, il conduisit une escadre de Toulon à Cadix, dans les commencemens du blocus de Gibraltar ; il servit ensuite en Amérique, sous les ordres de l'amiral Guichen ; il mourut en pleine mer, en 1788, à la vue de Cadix : il était le troisième chef d'escadre par rang d'ancienneté.

Certainement ce sont là des hommes honorables et d'illustres aïeux, de véritables chefs de famille ; ce sont là de dignes descendans de la belle Laure. Toutes les dignités et toutes les vertus se rencontrent dans cette famille. L'évêque chrétien, le magistrat, le guerrier, le chef de police municipale, le marin, le voyageur, tous hommes actifs et distingués, voilà certes une famille en avant ! Et ne croyez pas que dans toutes ces variations de fortune cette famille ait jamais oublié sa grande et charmante aïeule, Laure de Noves, chantée par Pétrarque. Au contraire, c'était le culte de cette maison, Laure était le bon génie, la dame blanche d'Avenel pour la maison de Sade ; on l'invoquait dans les dangers de la famille ; on la remerciait dans ses joies ; elle en était la gloire et l'orgueil. Ainsi, au milieu du dix-huitième siècle, François-Paul de Sade, élégant écrivain, homme d'esprit et de style, d'abord abbé d'Uxeuil, d'abord perdu dans toutes les joies frivoles et charmantes du dix-huitième siècle, prit de bonne heure sa retraite, et après avoir dit adieu à l'esprit, au scepticisme, aux grâces peu voilées, au bon goût et au luxe du Paris de Louis XV, il se retira dans une petite maison qu'il avait près de Vaucluse, et là il passa sa vie, non pas dans les austérités de la pénitence chrétienne, non pas dans le vague et stérile repentir de sa vie passée, mais dans le culte qu'il avait voué au bon génie de sa famille. La belle Laure fut en effet pour François de Sade toute l'occupation de sa vie. Il lui voua un culte véritable, il lui consacra ses remords et ses repentirs s'il en avait, car il avait passé de profanes années et d'heureux jours aux côtés de cette belle madame de la Popelinière, les amours du maréchal de Saxe ! C'est ainsi que François de Sade nous a laissé des *Mémoires sur la vie de François Pétrarque*, admirable biographie ; une excellente traduction des œuvres de Pétrarque, et enfin, car ces deux choses se confondent ensemble, Pétrarque et la poésie française, un travail très-complet sur les premiers poètes et sur les troubadours de la Provence. Dans ces livres, vous retrouverez l'histoire du quatorzième siècle, admirablement développée et comprise. En même temps que François de Sade se livrait à ces nobles travaux entrepris en l'honneur de cette femme qui était sa religion, le frère aîné de François de Sade, tour à tour ambassadeur en Russie, puis à Londres, s'alliait à la maison de Condé par Mlle de Maillé, la nièce du cardinal de Richelieu, qui avait épousé le grand Condé. Voilà donc une famille qui commence à Laure de Noves, qui porte dans ses armes l'aigle de la maison d'Autriche, et qui s'arrête à la maison de Bourbon. Trouvez-en une sinon plus grande, du moins plus heureuse que celle-là !

Mais ici s'arrête ce grand bonheur. Cette illustre famille va s'éteindre ; que dis-je s'éteindre ? elle va se perdre dans un abîme d'infamies ; elle va tomber du haut de sa renommée dans les plus atroces extravagances qui puissent passer dans la tête d'un forçat au cachot, un jour d'été. C'en est fait, le 2 juin 1740, dans l'hôtel même du grand Condé, noble maison où tout le dix-septième siècle a passé, illustre seuil foulé par le grand Condé, et par le grand Corneille, et par Bossuet, et par Racine, et par eux tous les grands hommes du grand siècle, le terrible et fameux marquis de Sade vient au monde, enfant bien conformé en apparence, et dont les vagissemens ressemblaient aux vagissemens des autres enfans. La mère du marquis de Sade était une honnête femme, dame d'honneur de Mme la princesse de Condé. A peine son fils eut-il six ans, que la bonne mère l'envoya en Provence, sous les orangers en fleurs, afin qu'il eût un air pur, afin qu'il pût contempler un ciel bleu, afin qu'il grandît comme un enfant Provençal, au milieu des fleurs qui s'épanouissent sur le bord des fleuves qui murmurent, à la clarté de l'étoile qui scintille, et non pas comme un chétif Parisien entre les quatre murs d'une maison, cette maison fût-elle à un prince. Que pouvait faire de mieux la mère du petit de Sade pour son fils? De la Provence, l'enfant passa à Exeuil en Auvergne, auprès de son oncle l'abbé de Sade, le même spirituel écrivain dont nous parlions tout-à-l'heure, qui lui apprit à lire dans les lettres de Laure et dans les sonnets de Pétrarque; l'abbé eut mille soins de ce neveu qui lui venait de Laure, sa dernière passion; il le menait avec lui dans les belles montagnes de l'Auvergne, il lui apprenait ces mille petites sciences qui sont à la portée de tous les enfans, à réciter une fable de La Fontaine ou l'oraison dominicale, à tendre la main au pauvre qui vous tend la main, à bien recevoir l'étranger qui passe et qui demande un asile pour la nuit, à retenir les noms des grands hommes de la France, surtout à bénir le nom de son aïeule, Laure de Noves, la Laure de Pétrarque. Voilà comment fut élevé cet enfant, qui des eaux du baptême fut trempé dans les eaux de la fontaine de Vaucluse, cet autre baptême; puis, quand il fut assez fort, quand il eut assez joui de son enfance bienheureuse, son oncle, son père et sa mère, et Mme la princesse de Condé, le placèrent au collège de Louis-le-Grand, rue Saint-Jacques : la patrie de Gresset, cet homme d'esprit qui eut l'honneur d'inquiéter Voltaire, et à qui nous devons *le Méchant* et *Vert-Vert*.

Ce collège Louis le-Grand a donné naissance à d'étranges hommes. Songez donc que le marquis de Sade s'est promené dans cette vaste cour contre le mur de la chapelle ; un autre jeune homme, dix ans après, se promenait, lui aussi en silence, à la même place, les bras croisés, et déjà si triste qu'il faisait peur à ses condisciples. Cet autre s'appelait Maximilien de Robespierre. O le digne couple, le marquis de Sade et Robespierre ! L'un qui a rêvé autant de meurtres que l'autre en a exécutés ! L'un dont la passion était le sang et le vice, mais qui n'a pu assouvir que la dernière de ses passions ; l'autre qui n'a eu qu'une passion, le sang, mais qui l'a assouvie jusqu'à la satiété. Deux hommes qui sont sortis des ruines de la société, deux hontes sociales ; mais celui-là était une honte si ignoble que la société a déclaré par la voix de Bonaparte, devenu son chef, qu'il était fou ; l'autre au contraire était une honte si terrible que la société lui a fait l'honneur de le tuer sur l'échafaud ; si bien que justice a été faite à tous deux : Robespierre est mort comme tous les honnêtes gens qu'il a tués, et le marquis de Sade est mort parmi tous les misérables fous qu'il a faits !

A quatorze ans, le marquis de Sade sortit du collège, et pour son collège ce fut un jour de fête. Il y avait déjà autour de ce jeune homme je ne sais quel air empesté qui le rendait odieux à tous. C'était déjà un fanatique du vice. Il rêvait le vice comme d'autres rêvent la vertu, et déjà toutes les rêveries de sa tête auraient suffi à défrayer les cours d'assises de l'enfer. Il sortit du collège à l'instant où Robespierre y entrait. O la pauvre société française qui ne sait rien deviner, et qui ne voit pas qu'elle est perdue, quoique la Bastille soit debout encore !

M. de Sade, au sortir du collège, entra dans les chevau

légers ; de là il passa comme sous-lieutenant au régiment du roi, puis il fut lieutenant dans les carabiniers, et enfin capitaine dans un régiment de cavalerie. Il fit la guerre de sept ans en Allemagne. De retour à Paris, on lui fit épouser Mlle de Montreuil, fille d'un président à la cour des aides, pauvre jeune fille, douce, aimable, jolie, vertueuse, timide, qui croyait n'épouser qu'un officier de cavalerie, et qui épousait le marquis de Sade !

On ne peut comparer aucune époque de notre histoire à la fin du dix-huitième siècle, cette solennelle époque d'esprit, menée si grand train à sa perte par Voltaire, son souverain maître et son grand pontife. Je ne crois pas qu'il y ait eu à aucune époque autant d'esprit et autant d'insouciance pour l'avenir. C'est une époque toute brûlée par l'amour et par le luxe, où chacun joue sur un dé ce qui lui reste, celui-ci son grand nom, celui-là sa grande fortune, cette autre sa jeunesse et sa beauté ; où le roi joue son trône, où le prêtre joue son Dieu ! Et quels étaient les enjeux de ce hasard horrible ? Un moment d'ivresse, les palpitations d'un quart d'heure, quelques applaudissements ironiques venus de Ferney, voilà tout ! Vous prêtez l'oreille au bruit que fait ce siècle, et vous reconnaissez toutes les joies mêlées à toutes les douleurs ; enfantemens, suicides, joies et désespoir, morts funestes, amours sans fin, tout un pêle-mêle à rendre l'éternité attentive, si l'éternité pouvait entendre. Quel mouvement, quel chaos, quel bruit ! Puis enfin quel silence quand le trône est écroulé, et qu'on n'entend plus sur la place de la Révolution que le bruit du couteau qui se détache de l'échafaud !

Ainsi étaient faits les vieillards en ce temps-là, ainsi était faite la jeunesse. Personne parmi eux, jeunes gens ou vieillards, ne prenait rien au sérieux ; on leur aurait dit que le monde allait finir qu'ils se seraient informés aussitôt où se louaient les meilleures places pour voir le monde finir. Vous comprenez donc combien fut dangereux le petit nombre de ceux qui en ce temps-là prenaient au sérieux quelque chose. En ce temps-là, ce qui perd d'ordinaire les sociétés pouvait sauver la société française ; elle était sauvée si elle fût restée frivole, mais le pouvait-elle ? Quoi qu'il en soit, ce que le marquis de Sade prit au sérieux, ce ne fut pas la liberté, comme Mirabeau ; ce ne fut pas l'extinction de la noblesse, comme Robespierre ; ce fut le vice. Le marquis de Sade fut professeur de vice comme les autres étaient professeurs de liberté. Or voilà un terrible argument contre la liberté aussi bien que contre le vice de ce temps-là, c'est que les uns et les autres arrivent au même résultat, je dis au meurtre.

Et comment, je vous prie, dans ce peuple qui exagérait toutes choses, comment un homme ne se serait-il pas rencontré pour exagérer tant de livres abominables fondés sur l'excitation des sens et dont tant d'écrivains et de libraires faisaient un commerce journalier ? Ouvrez la porte aux livres mauvais, l'inondation vous gagnera bientôt. Ah ! vous avez du temps à perdre, ma belle société française ! ah ! vous trouvez que cela ne vous suffit pas, de passer vos jours à boire et vos nuits à jouer ! Ni le jeu, ni l'intrigue, ni l'amour, ni les causeries politiques, ni les histoires du Parc-aux-Cerfs, ni les sourires de Mme de Pompadour, ni les agaçantes œillades de Mme Dubarry, ni les fêtes nocturnes des deux Trianons, ni les intrigues d'Opéra au bal masqué, dans ces belles nuits où les femmes ne couvrent que leur visage ; ah ! tout cet or, tout ce luxe, toutes les importunités du passé, toutes les joies du présent, toutes les menaces de l'avenir, ah ! rien ne vous suffit ; ni ce trône qu'on mine sur la terre, ni ce Dieu qu'on renverse dans le ciel ! Ah ! il vous faut encore autre chose que Voltaire, qui s'est enivré lui-même à la coupe de poésie légère qu'il avait remplie pour enivrer les autres ! Ah ! cela ne vous suffit pas que vous ayez forcé le président de Montesquieu à élever, dans la vieille patrie de Vénus, à Gnide, un temple de méchant porphyre et de guirlandes mythologiques ; ah ! cela ne suffit pas que vous ayez réduit Jean-Jacques Rousseau, l'ardent réformateur, à écrire un roman d'amour à force d'avoir vu les mœurs de son siècle ! Vous trouvez que vous avez encore du temps à perdre, et voilà, une belle nuit, que vous profitez de la captivité de Mirabeau au donjon de Vincennes, pour lui faire écrire des livres obscènes. Prenez garde ! ces obscénités retomberont sur vous, malheureuse, qui n'avez plus un instant à donner aux soins de la famille ! Prenez garde ! vous roulez emportés par le temps, qui s'envole en vous entraînant (demandez à quel échafaud !) ; et ces tristes remèdes contre l'ennui tourneront même contre l'oisiveté qui vous pèse. Alors vous regretterez même cette oisiveté un instant amusée par les vers de Dorat ou par les contes de Crébillon fils ! Et en effet quelle époque s'est jamais plus souillée de livres obscènes que ce grand siècle ? Diderot lui-même, le sublime bonhomme, n'a t-il pas écrit un méchant livre de sottises sans esprit intitulé : *les Bijoux indiscrets* ?

Dans un pareil débordement d'écrits licencieux, et quand les plus grands hommes littéraires, Voltaire, Jean-Jacques Rousseau, Diderot, Montesquieu, sacrifiaient au *goût du jour;* quand les plus charmans esprits de ce temps-là n'étaient occupés dans leurs livres qu'à flatter les sens outre mesure, comment pouvait-il se faire que des jeunes gens, épris tout d'un coup d'une folle passion d'écrire pour les tristes passions des hommes, ne se soient pas abandonnés à cette tâche facile ? C'est ainsi que le plus grand homme politique de 89, Mirabeau, mis en prison par ordre du roi pour attentat aux bonnes mœurs, écrivait au donjon de Vincennes de mauvais livres que le préfet de police vendait pour le compte de son prisonnier aux libraires, sauf à poursuivre plus tard comme magistrat, et quand ils étaient imprimés, les mêmes ouvrages, qu'il avait vendus pour procurer des habits et du linge au comte de Mirabeau.

Mais comprenez bien ce que je veux vous dire : le marquis de Sade ne peut même pas revendiquer le triste honneur d'être placé à côté de ces écrivains égarés qui après tout ne sont coupables que de longues obscénités écrites. S'il en était ainsi nous ne parlerions pas du marquis de Sade ; ces sortes d'écarts sont trop nombreux dans toutes les littératures du monde pour que nous en fassions un grand reproche à leurs auteurs. Quel est, je vous prie, le grand poète de l'antiquité ou même des temps modernes qui, dans un moment d'ivresse, n'ait perdu quelques grains d'encens, et quelquefois d'un bon encens jeté sur les hôtels de la déesse Cotytto? Quel est le grand peintre qui n'ait perdu quelques-unes de ses heures à la représentation des mystères les plus voilés de la vie de l'homme ? C'est un grand peintre chrétien, qui a donné à l'Arétin le sujet du livre qui l'a déshonoré. Le livre a déshonoré l'écrivain, les tableaux ont presque fait honneur au grand peintre, par la très-grande vérité que dans les arts le fond est presque toujours sauvé par la forme. Horace n'a-t-il pas laissé dans ses œuvres, monument achevé du goût le plus parfait et le plus pur, cette ode à certaine vieille Romaine, qu'on dirait échappée à la verve d'un écolier de rhétorique ? Virgile lui-même, le chaste Virgile, est-il sans reproche, et n'y a-t-il pas de singulières réticences dans ses pastorales ? Donc ne soyons pas trop sévère ; ne faisons pas la guerre aux vers échappés dans un moment d'oubli à des hommes qui ont fait des chefs-d'œuvre. Mais l'homme en question, mais le marquis de Sade, a fait de ces livres obscènes l'occupation de toute sa vie, mais de ces obscénités qui n'étaient que cela dans la tête des autres écrivains, le marquis de Sade a fait un code entier d'ordures et de vices. Mais pendant que ses confrères ne voulaient que faire passer une heure ou deux aux libertins de tous les âges, lui, il a voulu mettre le vice en précepte : bien plus, il a voulu passer de cette infâme théorie à la pratique. En un mot, et il faut bien le dire enfin malgré tous les détours que j'ai pris, voulez-vous que je vous dise ce que c'est qu'un livre du marquis de Sade, voulez-vous que je vous en fasse l'analyse comme je vous ferais l'analyse d'un livre de M. Victor Hugo ou de M. de Balzac ? le voulez-vous ? Pour ma part, je suis tout prêt ; je suis bien sûr de n'effaroucher personne. Donc prêtez-moi silence, et venez avec moi, ne craignez rien ; le marquis de Sade est mort, et même en écrivant ces pages j'ai son crâne sous les yeux.

Mais par où commencer et par où finir ? Mais comment la faire cette analyse de sang et de boue ? comment soulever tous ces meurtres ? où sommes-nous ? Ce ne sont que cadavres sanglans, enfans arrachés aux bras de leurs mères, jeunes femmes qu'on égorge à la fin d'une orgie, coupes remplies de sang et de vin, tortures inouïes, coups de bâton, flagellations horribles. On allume des chaudières, on dresse des chevalets, on brise des crânes, on dépouille des hommes de leur peau fumante ; on crie, on jure, on blasphème, on se mord, on s'arrache le cœur de la poitrine, et cela pendant douze ou quinze volumes sans fin, et cela à chaque page, à chaque ligne, toujours. O quel infatigable scélérat! Dans son premier livre, il nous montre une pauvre fille aux abois, perdue, abimée, accablée de coups, conduite par des monstres de souterrains en souterrains, de cimetières en cimetières, battue, brisée, dévorée à mort, flétrie, écrasée. Il n'a pas de cesse qu'il n'ait accumulé dans ce premier ouvrage toutes les infamies, toutes les tortures. Celui qui oserait calculer ce qu'il faudrait de sang et d'or à cet homme pour satisfaire un seul de ses rêves frénétiques, serait déjà un grand monstre. On frémit rien qu'à s'en souvenir. Le tremblement vous saisit rien qu'à ouvrir ses pages; puis, quand l'auteur est à bout de crimes, quand il n'en peut plus d'incestes et de monstruosités, quand il est là haletant sur les cadavres qu'il a poignardés et violés, quand il n'y a pas une église qu'il n'ait souillée, pas un enfant qu'il n'ait immolé à sa rage, pas une pensée morale sur laquelle il n'ait jeté les immondices de sa pensée et de sa parole, cet homme s'arrête enfin, il se regarde, il se sourit à lui-même, il ne se fait pas peur. Au contraire, le voilà qui se complaît dans son œuvre, et comme il trouve qu'à son œuvre, toute abominable qu'il l'a faite, il manque encore quelque chose, voilà ce damné qui s'amuse à *illustrer* son livre, et qui dessine sa pensée, et qui accompagne de gravures dignes de ce livre, ce livre digne de ces gravures; et de tout cela il résulte le plus épouvantable monument de la dégradation et de la folie humaines devant lequel même la vieille Rome, à son moment de décadence et de luxe, à l'heure où les Romains jetaient leurs esclaves aux poissons de leurs viviers, aurait reculé frappée de honte et d'effroi.

Heureux encore si le marquis de Sade s'en fût tenu à son premier livre; mais ce premier ouvrage lui en commande un autre. A peine ce roman est-il achevé, que voilà son exécrable auteur qui, en le relisant, se dit à lui-même qu'il est resté bien au-dessous de ce qu'il pouvait faire. Il a été trompé par son exécrable imagination. Il la croyait à bout, et elle se réveille de plus belle. Il croyait avoir fait un chef-d'œuvre, et il n'a fait qu'une œuvre d'écolier. Il a décimé l'espèce humaine; il veut l'immoler en entier. Il n'a déshonoré que les hommes et les femmes de la France, il veut déshonorer le monde. Et sur-le-champ, il recommence de plus belle. O l'horrible et infâme lutte de cet homme avec lui-même! Qu'a-t-il pu dire dans son second livre qu'il n'ait pas dit dans le premier? qu'a-t-il pu faire qu'il n'ait pas fait? quels supplices nouveaux a-t-il inventés? quelles horreurs nouvelles? Quelle est la tombe qu'il n'ait pas souillée? quel est le roi ou le pontife qu'il n'ait pas immolé à sa rage? Le malheureux! Il accuse dans son livre la reine de France elle-même; oui, la reine de France qui parait dans ses orgies! Et non-seulement il prêche l'orgie, mais il prêche le vol, le parricide, le sacrilége, la profanation des tombeaux, l'infanticide, toutes les horreurs. Il a prévu et inventé des crimes que le Code pénal n'a pas prévus; il a imaginé des tortures que l'inquisition n'a pas devinées. Le voyez-vous ce ver de terre tout fangeux, qui sort de sa corruption pour jeter à voix basse ces tristes paroles au moment où la société française est expirante sous le sophisme? Concevez-vous l'effroi d'un honnête homme qui, poussé par cette curiosité qui a fait porter à notre père Adam une main indiscrète sur l'arbre de mort, se trouve face à face avec le marquis de Sade! Comme le lecteur est honteux de sa triste hardiesse! comme les mains lui tremblent! comme les oreilles lui tintent, frappées qu'elles sont par le glas du dernier supplice! comme c'est déjà une horrible punition pour le malheureux qui souille ses yeux et son cœur de cette horrible lecture, de se voir poursuivi par ces tristes fantômes, et d'assister, timide, immobile et muet, à ces lugubres scènes, sans pouvoir se venger qu'en lacérant le volume ou en le jetant au feu! Croyez-moi, qui que vous soyez, ne touchez pas à ces livres, ce serait tuer de vos mains le sommeil, le doux sommeil, cette mort de la vie de chaque jour, comme dit Macbeth.

Peut-être, et vous êtes dans votre droit, vous voulez savoir par quel hasard, ou plutôt par quel malheur, les œuvres du marquis de Sade me sont connues, et vous vous étonnez sans doute que j'ose ainsi avouer tout haut cette lecture abominable. Vous avez raison, mon honnête lecteur. C'est à juste titre que vous vous étonnez qu'un homme de sens n'ait pas rejeté dès la première page un livre infâme où l'on outrageait ainsi à chaque ligne toutes les lois de la terre et du ciel. Pourquoi ne pas jeter le livre aussitôt, ou tout au moins pourquoi ne pas se taire? dites-vous tout haut. Et puis tout bas ajoutez en vous-même : Croyez-vous donc que nous ne l'avons pas lu, ce livre, nous autres les vieillards de l'empire, nous les jeunes gens de la restauration? Eh! messieurs, c'est justement parce que vous l'avez lu, que je vous en parle; c'est justement parce que nous avons tous été assez lâches pour parcourir ces lignes fatales, que nous devons en prémunir les honnêtes et les heureux qui sont encore ignorans de ces livres. Car, ne vous y trompez pas, le marquis de Sade est partout; il est dans toutes les bibliothèques, sur un certain rayon mystérieux et caché qu'on découvre toujours; c'est un de ces livres qui se placent d'ordinaire derrière un saint Jean Chrysostome, ou le *Traité de morale* de Nicole, ou les *Pensées* de Pascal. Demandez à tous les commissaires priseurs, s'ils font beaucoup d'inventaires après décès où ne se trouve pas le marquis de

Sade. Et, comme c'est là un de ces livres que la loi ne reconnait pas comme une propriété particulière, il arrive toujours que les clercs des gens d'affaires, ou leur patron, s'en emparent les premiers, et les rendent ainsi à la consommation du public. Ainsi, il est convenu que vous avez lu ce livre, vous tous les oisifs qui savez lire, vous les innocens effrontés de la table d'hôte ou de l'estaminet, vous les séducteurs de la Grande Chaumière ou de Tivoli, vous les Lovelaces du foyer de l'Opéra ou du Café de Paris, vous si simples, si bons, si doux, si timides au fond de l'âme, malgré tous vos efforts pour vous faire méchans et cruels, vous dont la première grisette vient à bout, allons donc, voilà qui est bien convenu; vous êtes sur ce triste sujet plus savans que je ne saurais être. Ici donc j'arrête mon embarrassante et inutile analyse, et je poursuis tout simplement cet essai littéraire sur un homme dont le nom fameux a empêché de dormir bien des imaginations naissantes, et corrompu bien des cœurs naïfs.

Je vous comprends encore; vous me tenez quitte de toute analyse, il est vrai, mais vous persistez à savoir comment, moi, j'ai lu ce livre, moi qui n'ai pas, comme vous, pour ma justification l'oisiveté et le doux *far niente* des quatre saisons de l'année. Mon Dieu! c'est une triste histoire de ma première jeunesse, et qui s'est passée dans un chaste pays de montagnes, et que je vais vous raconter telle qu'elle est, sans détour et sans y rien changer.

Nous sortions à peine du collége, belle époque d'ignorance présomptueuse et de pressentimens éblouissans; la vie s'ouvre alors belle, et parée, et heureuse! C'est là un premier, un solennel moment de liberté qu'on ne retrouve jamais dans sa vie. Joyeux et libres, nous étions partis, un de mes amis, un de mes compatriotes et puis moi, pour retourner sur les bords sinueux de notre fleuve turbulent et vagabond, le Rhône, notre amour, notre passion, notre rempart, qui nous a bercés et endormis quand nous étions enfans. Et en effet voilà le Rhône : on l'aperçoit de loin aussi haut que le ciel; il brille, il reluit, il éclate, il gronde. Me voilà, moi et mon pauvre Julien, lui dans les bras de sa mère, moi dans les bras de mon père et de ma mère, et fêtés tous les deux, je puis bien le dire, moi dont les parens sont morts. C'était dans le village à qui nous ouvrirait sa maison et son cœur; car Julien et moi, au dire de tous, nous étions deux savans, deux phénomènes, deux Parisiens, deux grands hommes à venir : ainsi l'avaient décidé mon oncle Charles et son oncle Gabriel. Or l'oncle Gabriel de Julien était, comme nous, un savant, un latiniste, un homme qui lisait Virgile : il était, de plus, le curé d'un petit village du Rhône. Ce village, suspendu aux flancs d'un rocher calciné, au milieu des vignes et des pêchers, était le domaine, ou pour mieux dire le royaume du bon curé Gabriel. Vous pensez bien que le digne homme n'eut rien de plus pressé que de nous conduire tous les deux, Julien et moi, à son charmant presbytère, où nous devions parler latin tout à notre aise, lui et nous, où nous ne fûmes occupés, nous, qu'à manger, à dormir, à grimper dans les montagnes, à écouter le bruit de la cascade écumante, lui, à visiter le pauvre, à dire sa messe, à lire dans son bréviaire, à être toujours le plus simple, le plus doux et le plus bienfaisant des curés de campagne, comme nous étions les plus écervelés, les plus indisciplinés des écoliers.

Je le vois encore, ce joli presbytère; je vois la cour remplie de bois pour l'hiver, le rez-de-chaussée et son parquet de planches cirées, le grand jardin, moitié potager, moitié vignoble, qui fournissait à tous les besoins de la maison, depuis la paille pour la vieille mule du logis, jusqu'au pain et au vin du maître. La maison du curé Gabriel était, au reste, une maison savante autant qu'opulente. Je ne crois pas pouvoir suffire à décrire toutes les richesses du second étage. La chambre du curé était remplie de gravures dans leurs cadres; on y remarquait, entre un beau Christ en ivoire et une Madeleine, une vieille petite épinette, dorée autrefois et encore entourée de sa guirlande de roses et de ses petits amours bouffis primitifs. Que de fois nous nous sommes amusés à jouer sur cette épinette les deux airs populaires : *Ah! vous dirai-je maman*, ou bien *J'ai du bon tabac* ; et il fallait entendre comme le pauvre instrument grinçait sous nos doigts.

Mais la pièce la plus intéressante de la maison pour deux fougueux écoliers comme nous étions alors, c'était un vaste salon éclairé par une seule fenêtre, dont le bon curé avait fait sa bibliothèque. Que de livres, bon Dieu! et que de gros livres! Ils étaient venus au curé comme nous viennent les livres, les uns après les autres, car il y a entre les volumes reliés je ne sais quelle attraction qui les attire tous au même endroit; il suffit d'en posséder quelques-uns pour en être bientôt encombré ; ils vous débordent malgré vous, ils envahissent toutes les places, ils sont les maîtres. Voilà à peu près l'histoire de la bibliothèque du bon curé: les livres lui étaient venus de toutes parts; à chaque maison qui se vendait, le curé avait des volumes ; à chaque mort, il avait des volumes; à chaque voyage, il avait de nouveaux volumes. Sa maison était devenue le dépôt général de tous les livres de la contrée; et lui, il n'avait rien trouvé de mieux que d'aligner tout ce papier bon ou mauvais sans y regarder de trop près et de s'en faire une savante et poudreuse galerie qu'il montrait avec orgueil aux autres curés, ses voisins, avant le dîner, quand le dîner était en retard.

Pourtant cette innocente bibliothèque fut bien funeste à mon pauvre ami Julien, le neveu du curé Gabriel, le propre fils de sa sœur, qui n'avait que cet enfant et plus de mari.

Ce petit Julien était un enfant naïf, d'un esprit vif, mais peu avancé, d'une intelligence vulgaire, mais prompte ; son imagination peu éveillée l'avait tenu dans une parfaite innocence ; il était joueur, rieur, causeur et curieux. Son oncle, pour lui faire bonne et entière hospitalité, lui avait donné une jolie petite chambre située au bout de la bibliothèque, si bien qu'à force de passer par cette pièce le matin et le soir, à force de voir des livres dans son chemin, le pauvre Julien prit envie de lire un de ces livres, à condition que ce livre fût amusant : il se mit donc à fureter partout pour trouver ce livre amusant.

Voyez le malheur ! De tous ces livres étalés sur ces tablettes, on pouvait lire les titres, et ils étaient là, ne demandant pas mieux que de voir le jour, les pauvres abandonnés qu'ils étaient. Seulement, tout au haut de la bibliothèque, dans un rayon à part, dans un coin tout noir de poussière, il y avait quelques volumes dont le titre était soigneusement enveloppé par une jalouse feuille de papier destinée à protéger non pas le livre contre le lecteur, mais le lecteur contre le livre. Ce fut pourtant cette fatale enveloppe qui décida le choix du pauvre Julien. Il suffisait qu'ils ne fussent pas à sa portée pour qu'il voulût s'emparer de ces volumes ; il suffisait qu'il fût défendu pour qu'il eût envie de porter la main à ce fruit de malheur et de perdition. D'abord il hésita : une voix lui disait qu'il allait commettre une action mauvaise ; puis peu à peu il s'enhardit. D'abord il déchira quelque peu le dos du volume pour en savoir le titre. Ce titre était fort simple, c'était un nom de femme comme on en voit en tête de tous les romans de Ducray-

Duménil. Enfin, n'y tenant plus, l'enfant déchira tout-à-fait l'enveloppe que rattachaient quatre grands cachets noirs, il ouvrit le livre. A cette vue, il eut un éblouissement ! Revenu de sa frayeur, il courut s'enfermer dans sa chambre avec les œuvres du marquis de Sade.

Je vous laisse à penser ce que devint ce jeune homme ignorant, timide et frêle, à la lecture d'un livre qui suffirait à ébranler les organisations les plus solides. Figurez-vous ce malheureux adolescent qui pâlit, qui tremble, qui tient d'une main égarée ce long pamphlet contre l'espèce humaine. Que faisait-il, le pauvre Julien seul à seul avec le marquis de Sade, tête à tête avec ce tigre qui hurle, ce tigre en fureur, cette hyène dégoûtante de sang, cet anthropophage tout souillé de vices ? Quelles scènes terribles ! Comme ce pauvre cœur se soulevait dans cette petite poitrine ! Comme ses cheveux blonds tout bouclés se dressaient d'effroi et retombaient tremblans et tout raides sur ce front pâle et jauni ! Comme tout entier le pauvre petit Julien succombe sous le souffle empoisonné du marquis de Sade ! comme il retirait en ployant en deux son corps si frêle pour n'être pas touché par cette lueur pestilentielle ! Quels frissons ! quel effroi ! Hélas ! une nuit de cette lecture l'avait vieilli de vingt ans. Je le vois encore arriver au second repas du matin. — Est-ce toi, Julien ? Lui, le joyeux Julien d'autrefois, il avait les yeux baissés, la tête en feu, le geste contracté ; son regard délirait. Dans toute cette longue journée il n'eut pas un mot pour moi, pas une caresse pour personne ; malheureusement son oncle était sorti dès le matin, il avait porté bien loin de l'autre côté du Rhône le saint viatique à un de ses paroissiens qui se mourait, malheureux prêtre qui ne se doutait pas qu'une âme se mourait dans sa maison, l'âme de son petit Julien ! Le vieillard ne put donc pas porter secours à son neveu tout d'abord. Il n'y avait à la maison que la servante, bonne et honnête fille qui ne savait pas lire, et qui ne se doutait guère que la lecture d'un livre pût donner la mort, et moi ! l'enfant de la rhétorique parisienne, qui n'avait lu encore en fait de vers défendus que l'ode à Myrrha dans notre poète Horace. Personne autre, personne qui pût deviner la maladie morale de Julien, si bien que, le soir venu, Julien, sous prétexte qu'il était malade, se retira encore une fois dans sa chambre, et put continuer à loisir son atroce lecture. Justement ce jour là le ciel se couvrit de nuages, le vent se déchaîna, le Rhône se mit à hurler de toutes ses forces, la corde du bateau qui réunit les deux rives se brisa, et le vieux curé fut forcé de passer la nuit sur l'autre bord, lui et son Dieu qu'il portait entre ses mains.

Hélas ! hélas ! si jamais vous avez apaisé les flots en tumulte, mon Dieu, si jamais vous avez dompté les flots de la mer, si jamais vous êtes sorti de votre sommeil au plus fort de la tempête en disant : *Hommes de peu de foi, que craignez-vous ?* c'est bien le cas, ô Jésus sauveur ! de passer l'eau encore, de dompter la tempête encore, et de venir au secours du petit Julien que le marquis de Sade enveloppe de son venin mortel ! La tempête dura toute la nuit, le fleuve gronda, le ciel fut en feu, et le tonnerre fatigua les échos des montagnes : mon malheureux ami n'entendait rien, il lisait le marquis de Sade !

Au premier rayon de soleil, le Rhône s'apaise, le ciel redevient tout bleu, l'oiseau chante, l'arbre relève sa tête fatiguée, le batelier rentre dans son bateau, et le digne pasteur revient à son bercail. Il va d'abord à sa petite église, et il remet sur l'autel le saint ciboire, puis sa prière faite, il rentre à la maison. Moi, j'étais sur la porte dans toutes les joies de la matinée, occupé à attendre le bon curé, je chantais, j'appelais le chien qui attendait son maître devant l'église, je disais bonjour à Catherine qu'entrainait sa vache, ou bien je distribuais le raisin de la vigne, ornement de la maison, à la poule et au pigeon domestique. J'étais oisif, j'étais seul, Julien n'était pas encore levé, et j'attendais Julien.

Le bon gros curé Gabriel, en revenant de l'église, m'embrassa bien fort, et d'un ton joyeux, il m'adressa son interrogation latine : *Quomodo vales ?* Et moi de lui répondre dans le même latin: *Valeo.* En même temps il cherchait Julien, son petit Julien tout blond, joli, tout menu, et qu'il aimait comme un père aime son fils, Julien, sa famille, son héritier, l'enfant de son nom, lui saint prêtre qui ne pouvait donner son nom à aucun enfant. — Où est Julien ? me dit-il.

— Il est malade, dit la bonne, et il a fermé sa porte, le petit, il dort.

Mais Julien ne se réveillait pas.

Son oncle, inquiet déjà, va à la chambre de l'enfant et il l'appelle. Pas de réponse. Il frappe à la porte, la porte reste fermée. Il brise la porte, il entre ! O douleur ! A l'aspect de cette robe noire, à l'aspect de ce prêtre qui lui tend les bras pour l'embrasser, Julien pousse un cri terrible. Il tremble, il recule, il a peur, il voudrait entrer sous terre. — Qu'as-tu, Julien, mon Julien, qu'as-tu ? disait le prêtre. Julien se lève et s'échappe. Je veux l'arrêter, il me regarde sans me reconnaître et me repousse. La bonne accourt ; cette femme lui fait peur aussi. — Au secours ! au secours ! s'écrie l'enfant. Il s'enfuit à demi nu. L'église était ouverte, il frémit à l'aspect de l'église ; la cloche sonna l'*Angelus* de midi, il tomba évanoui aux sons religieux de la cloche. C'était un enfant perdu. Que vous dirai-je ? Une horrible crise de nerfs le brisa enfin et le jeta par terre, et on le ramena évanoui dans son lit.

Aussitôt voilà tout le village qui se réunit et qui se demande quel remède employer? Voilà le médecin du village voisin qui passe le Rhône, car le médecin du corps habite parmi les plus riches, et le médecin de l'âme parmi les plus pauvres. C'est pourquoi le curé en ce canton est le roi de la rive droite, pendant que le docteur est le roi de la rive gauche. Julien se taisait. De temps à autre, il poussait de profonds soupirs ; de temps à autre, il tressaillait d'effroi. Il ne voulait voir personne, il ne voulait entendre personne, il ne connaissait plus personne Sa mère accourt éplorée et malheureuse, il repousse sa mère. On ne comprend rien à ce mal si opiniâtre et si subit. Un médecin venu de Lyon annonce enfin que l'enfant est épileptique, puis il s'en va. Pauvre Julien! pauvre mère de Julien, pauvre oncle de Julien !

Je l'ai vu longtemps ce malheureux. Il vit encore, si l'on peut appeler la vie une terreur perpétuelle. Sa jeune raison n'a pas pu soutenir le choc imprévu des raisonnemens du marquis de Sade. Cette âme simple et naïve n'a pas voulu se persuader qu'un homme pouvait se livrer à des fictions pareilles ; il a pris au sérieux ces abominables mensonges : aussi l'enfant est devenu tout à coup un homme ; sa charmante ignorance de toutes choses a succombé dès le premier choc sous la science du marquis de Sade. Moi qui n'ai pas quitté Julien pendant les deux premiers mois de sa maladie, j'ai été le témoin de ses indicibles terreurs. Deux nuits de lecture avaient suffi pour détruire tout-à-fait cette intelligence si honnête. Il ne voyait plus dans la nature que des monstres. A la vue de son oncle, qui était prêtre, il se demandait tout bas si son oncle n'allait pas le dévorer, comme font des petits enfans tous les prêtres du marquis de Sade. Sur les bords du Rhône, parsemés de jolis cailloux de mille couleurs, il cherchait à découvrir le cadavre des nouveau-nés qu'on y avait jetés dans la nuit. Passait-il sur la route quelque jeune fille, dans une rapide calèche, le pauvre Julien appelait : Au secours ! car à coup sûr la jeune fille était enlevée à ses parens pour être jetée dans quelqu'un de ces repaires de vices et de violences qu'il voyait partout et à chaque pas depuis son atroce lecture. Depuis ces deux nuits, Julien avait perdu toute idée d'une société qui se défend elle-même, toute idée d'une loi morale qui ne peut pas mourir, toute idée d'une loi politique, maintenue par le concours de tous les citoyens. Il était tombé, le cœur le premier, dans l'abîme du marquis de Sade ; en un mot, tant de terreurs incroyables l'avaient poussé dans l'épilepsie, ce triste rêve de bave et de folie, qui prend un homme au coin de la borne, sur le grand chemin, dans les bras de sa mère ; Julien était un jeune homme perdu à jamais.

Je ne tenterai pas de vous raconter dans tous ses détails cette cruelle histoire. A l'heure qu'il est, cet enfant bien né et bien élevé, et de nobles penchans, il est plus que fou : il est idiot ; sa vie est une peur sans fin et sans cesse ; il ne voit partout que trappes ouvertes, instruments de tortures, bourreaux, supplices, poisons. Voici douze ans qu'il est ainsi. Sa mère en est morte de chagrin, son oncle a mieux fait que de ne pas mourir : il a vécu pour son neveu ; à présent encore, lorsqu'il veut lui parler, il est obligé de quitter sa robe de prêtre. Le crucifix lui-même a disparu de la maison : le crucifix faisait peur à Julien.

Ce ne fut qu'un mois après ce funeste et inexplicable événement que le malheureux curé en découvrit la cause. La servante, en faisant le lit de Julien, trouva un volume du marquis de Sade, que Julien y avait caché. Elle porta ce livre à son maître ; le digne homme y jeta les yeux ; et à peine en eut-il parcouru quelques lignes qu'il sentit que s'il allait plus loin, sa raison était perdue. Alors il comprit dans son entier le malheur du pauvre enfant.

Ce vieux curé est un homme simple et bon, et d'un grand cœur et d'une grande sévérité pour lui-même, comme tous ceux qui sont indulgents pour les autres. Il se reconnut donc coupable d'avoir ainsi recélé le poison qui avait tué une âme faite à l'image de Dieu. Il comprit que son devoir eût été de jeter au feu le livre damné qui lui tuait sa famille. Son premier mouvement fut d'aller se jeter aux pieds de son neveu, et de lui demander pardon, et d'implorer sa miséricorde ; mais son neveu le repoussa avec horreur. Alors, le dimanche suivant, avant la messe, les habitants du village réunis, le vieux pasteur se plaça devant l'autel. Bien que ce fût un joyeux jour de grande fête, l'abbé Gabriel était dans son costume noir de la messe des morts ; et voici comme il parla :

« Mes frères, dit-il, vous savez le malheur qui est arrivé au pauvre Julien, que vous aimiez tant. Dieu lui a retiré la raison ; il est encore de ce monde, mais il est mort à la prière, il est mort à l'amour pour ses semblables, il est mort à toutes les douces émotions de la vie. Quelques-uns de vous, voyant sa bouche pleine d'écume, ont dit qu'il était possédé du démon. O mon Dieu ! Priez Dieu, mes frères : c'est un mauvais livre qui a perdu Julien ; ce livre qu'il a lu l'a brûlé jusqu'aux entrailles. Mais ce que vous ne savez pas, ce qu'il faut que je vous dise à vous, mes enfants, qui respectez les cheveux blancs de votre curé ; ce que je confesse devant vous, ô mon Dieu, afin que vous jugiez si mon humiliation est aussi grande que ma douleur, c'est que ce livre infâme, qui brûle tout ce qu'il touche, qui flétrit tout ce qui l'approche, qui change en pierre tous les cœurs, ce livre qui obsède Julien, mon petit Julien, si honnête et si doux, et si bien fait pour la vertu, c'est moi, malheureux, c'est moi qui ai épargné ce livre abominable ! Hélas ! j'ignorais ce qu'il contenait : c'est un dépôt de la confession ; mais, malheureux que je suis, moi qui devais l'anéantir, moi, j'ai mis dans ma maison ce livre abominable, et ma maison n'a pas croulé, et je n'ai pas été frappé par le feu du ciel ! Que vos jugemens sont inexplicables, ô mon Dieu ! C'est que vous vouliez me frapper d'une punition plus terrible. Que votre volonté soit faite sur la terre comme dans le ciel !

« Mes frères, unissez vos prières aux miennes, levez vos mains au ciel. Nous dirons aujourd'hui la messe des morts pour Julien, ma victime ; et s'il vous reste quelques prières et quelques larmes, priez aussi, priez pour votre pasteur infortuné : il a grand besoin de pitié ici-bas et de miséricorde là-haut. »

Cette histoire très-simple, que je tenais si bien cachée dans mon âme, vous en dira plus que personne au monde n'en pourrait dire sur les œuvres du marquis de Sade. Comment j'ai lu ce livre, après cette histoire dont j'avais été le témoin, vous le savez déjà : c'était pour me faire parade, à moi-même, de ma force morale, car c'est là un des grands dangers de ces horribles volumes : on a toujours un prétexte pour les ouvrir ; on les ouvre par innocence, ou par curiosité, ou par courage, comme une espèce de défi qu'on se fait à soi-même. Quant à ceux qui les pourraient lire par plaisir, ils ne les lisent pas : ceux-là sont au bagne ou à Charenton.

Mais, je vous ai promis l'histoire complète de cet homme, je vous la ferai complète. Je vous ai dit tout à l'heure qu'il s'était marié à une jeune personne douce et belle ; il eut bientôt montré dans ce mariage toute son horrible nature. Ses atroces penchans se furent bientôt révélés par mille petites tentatives de meurtre accompagnées de circonstances abominables ; d'abord le public n'y crut pas ni même sa femme, ni même la justice de ce temps-là cependant, par mesure de simple police, on l'envoya en exil. En exil, il perfectionna sa science, il ajouta à sa théorie, il se livra à mille imaginations plus perverses les unes que les autres en un mot, il se compléta dans tous les mauvais lieux et dans tous les mauvais livres de l'Europe. C'était un homme qui étudiait le vice par principes, passant du connu à l'inconnu, se proposant des problèmes étranges en allant du plus facile au plus difficile. Avec la moitié moins de peine qu'il ne s'en est donné pour être l'imagination la plus corrompue de la terre, le marquis de Sade serait devenu aussi grand calculateur que Monge, aussi grand naturaliste que Cuvier.

Ce serait une erreur de croire que cet homme-là fut le seul qui se soit livré à cette exécrable étude du vice par le meurtre ; l'antiquité en fournit plusieurs exemples ; Néron se sert, pour éclairer ses orgies nocturnes, de chrétiens qu'il brûlait vifs, flambeaux de chair humaine qui poussaient de délicieux hurlemens. On se rappelle, sous le règne de Charles VII, les débordemens de ce fameux maréchal de Retz : qui, après s'être battu avec gloire et courage, se fit une infâme célébrité à force de vices monstrueux ; celui-là immolait des enfants dont il arrachait les entrailles et le cœur pour en faire offrande aux esprits infernaux, et c'étaient les enfants les plus beaux et les plus choisis, et même choisis dans sa famille ; et pendant quatorze ans, le maréchal de Retz ensanglanta ses châteaux de Machewal, de Chantocé, de Tiffurges, son hôtel de la Saxe à Nantes, et tous les lieux où sa passion le portait.

Eh bien ! ce scélérat est moins coupable, à mon sens, que le marquis de Sade. Le maréchal de Retz n'a tué que les enfants qu'il avait sous la main ; lui mort, tous ses crimes ont cessé : les livres du marquis de Sade ont tué plus d'enfans que n'en pourraient tuer vingt maréchaux de Retz, ils en tuent chaque jour, ils en tueront encore, ils en tueront l'âme aussi bien que le corps ; et puis le maréchal de Retz a payé ses crimes de sa vie, il a péri par les mains du bourreau, son corps a été livré au feu, et ses cendres ont été jetées au vent ; quelle puissance pourrait jeter au feu tous les livres du marquis de Sade ? Voilà ce que personne ne saurait faire, ce sont là des livres, et par conséquent des crimes qui ne périront pas.

Celui qui pourrait suivre le marquis de Sade dans l'intérieur de sa maison, celui qui pourrait le voir à côté de sa jeune et jolie femme, méditant tout bas, rêvant tout bas, et silencieux et triste, et se préparant à ses grands forfaits, celui-là écrirait un drame d'une haute portée. Je ne crois pas que jamais on ait trouvé un sujet plus hideux d'études philosophiques. Toutefois le public n'avait pas encore entendu parler de cet homme, quand un jour, le 3 avril 1768, une grande rumeur se répandit dans Paris sur le marquis, et voilà ce que l'on racontait :

Il possédait une petite maison à Arcueil, dans un endroit retiré, au milieu d'un grand jardin, sous des arbres touffus. C'était là que le plus souvent il se livrait à ses débauches ; la maison était silencieuse et cachée, munie d'un double volet en dehors, matelassé en dedans, toute prête pour le crime. Ce soir-là, c'était un jour de Pâques, le valet de chambre du marquis de Sade, son compagnon, son ami, son complice, avait ramassé dans la rue deux ignobles filles de joie qu'il avait conduites à cette maison. Le marquis lui-même, comme il se rendait à Arcueil pour sa fête nocturne, fit rencontre d'une pauvre femme nommée Rose Keller, la veuve de Valentin, un garçon pâtissier. Cette femme rentrait chez elle par le plus long chemin, cherchant peut-être une aventure, mais quelle aventure ! Le marquis la voit, il l'aborde, il lui parle, il lui propose un souper et un gîte pour la nuit ; il lui parle doucement, il la regarde tendrement ; elle prend le bras du marquis, ils montent dans un fiacre, et enfin ils arrivent à une porte basse : Rose ne sait pas où elle est ; mais qu'importe ? Elle aura à souper.

A un certain signal, la petite porte du jardin s'ouvre et se referme ; le marquis entre dans la maison avec sa compagne. La maison était à peine éclairée, elle était silencieuse ; Rose s'inquiète : son conducteur la fait monter au deuxième étage, elle voit alors une table dressée et servie ; à cette table étaient assises les deux filles de joie, la tête couronnée de fleurs, et déjà à moitié ivres. Rose Keller, revenue de sa première inquiétude, allait se mettre à table avec ses compagnes ; mais tout à coup le marquis, aidé de son valet, se jette sur cette malheureuse et lui met un bâillon pour l'empêcher de crier, en même temps on lui arrache ses vêtemens. Elle est nue ; on lui attache les pieds et les mains, puis, avec de fortes lanières de cuir armées de pointes de fer, ces deux bourreaux la fustigent jusqu'au sang ; ils ne s'arrêtèrent que lorsque cette femme ne fut plus qu'une plaie, et alors l'orgie commença de plus belle. — Ce ne fut que le lendemain matin, quand ces bourreaux furent tout-à-fait ivres, que la malheureuse Keller parvint à briser ses liens et à se jeter par la fenêtre toute nue et toute sanglante ; elle escalada la cour, elle tomba dans la rue, et bientôt ce fut un tumulte immense : le peuple accourt ; la garde arrive, on brise les portes de cette horrible maison où l'on trouva encore le marquis et son domestique, et les deux filles, étendus pêle-mêle au milieu du vin et du sang. Par la conduite de l'auteur, vous pouvez juger ses livres.

Cette aventure fit grand bruit, toute la ville fut émue. Cette époque de vice élégant et spirituel ne comprenait guère que les crimes de bonne compagnie, les duels, les trahisons, les rapts de tous genres, les rendez-vous dans la nuit, toute l'histoire de Faublas ou de Casanova; mais ce fut à grand'peine que la société de ce temps-là ajouta foi à ce meurtre si lâche, si inutile, si cruel, ce meurtre sur une femme! Le procès du marquis de Sade fut donc instruit en toute hâte, malheureusement, par égard pour la famille à laquelle le coupable appartenait, la procédure fut arrêtée par ordre du roi; le marquis fut conduit à Lyon dans la prison de *Pierre-Encise*, qui n'est plus qu'une ruine, où cependant l'on vous parle encore du marquis bien plus qu'on ne parle de M. de Thou ou de Cinq-Mars. Qui le croirait? six semaines après cet emprisonnement, la famille du marquis de Sade obtint pour lui des lettres de grâce. Ces lettres de grâce portaient en substance que le délit dont le marquis de Sade s'était rendu coupable était d'un genre non prévu par les lois, et que l'ensemble en présentait un tableau si obscène et si honteux, qu'il fallait en éteindre jusqu'au souvenir. N'est-ce pas là un beau prétexte pour relâcher cette bête fauve? A peine libre, le marquis retourne à ses débauches et à ses crimes. Il était à Marseille en 1772, et il y fit une si grande orgie dans une maison suspecte, que jamais on n'avait entendu de plus horribles bacchanales; deux filles publiques en moururent le lendemain. Le parlement d'Aix condamna cet homme à mort, et son valet avec lui; mais ils se sauvèrent à Chambéri, où on les mit six mois dans une forteresse. Or, ne pensez-vous pas que ce soit ici le cas de remarquer l'inutilité et la cruauté des lettres de cachet? Au premier assassinat du marquis de Sade, six semaines de prison; à son second assassinat, six mois de prison, pendant que le malheureux Latude y est resté toute sa vie pour avoir insulté Mme de Pompadour ! C'est ainsi que les sociétés se perdent et se suicident elles-mêmes; dès qu'elles permettent d'emprisonner l'innocent, elles n'ont pas le droit de demander que l'on punisse le coupable.

Mais pourquoi laisser échapper le marquis de Sade de cette prison si fort méritée? Serait-ce que déjà les prisons vous manquaient? Et n'avez-vous pas la Bastille? n'avez-vous pas le donjon de Vincennes? n'avez-vous pas Saint-Lazare? n'avez-vous pas tous ces immenses gouffres où vous jetez, sans en rendre compte à personne, le premier écrivain qui murmure une parole d'opposition? A la fin cependant, le marquis de Sade, toujours pour ses méfaits, fut enfermé à Vincennes. Là, il fut aussi malheureux qu'on pouvait l'être au donjon de Vincennes. Vous connaissez cette prison, vous l'avez vue du haut en bas dans les lettres de l'amant de Sophie; là, tout nu, sans linge, sans bois l'hiver, sans livres, sans meubles, sans domestique surtout, le marquis était ainsi réduit à faire son lit lui-même; on lui apportait à manger par un guichet. Sa pauvre femme, qui l'avait déjà secouru si souvent, vint encore à son secours; elle lui fit passer des vêtemens, des livres, et enfin de quoi écrire, fatale complaisance à laquelle nous avons dû tant d'infernales productions.

Car jusqu'à ce jour le marquis de Sade s'était contenté de la pratique du vice, il n'avait pas encore abordé la théorie. Une fois qu'il eut dans sa prison de quoi écrire, il pensa à *mettre en ordre* ses pensées et ses souvenirs. La tête échauffée par les macérations du cachot, abruti par cette grande misère, persécuté par les folles et délirantes images d'une passion comprimée, ce malheureux résolut d'en finir, et de voir par lui-même jusqu'où sa scélératesse pouvait aller.

Le voilà donc qui écrit, et qui compose, et qui arrange ses livres, et qui se livre tant qu'il peut à son génie. Ô malheur! pendant que le marquis de Sade écrivait ses livres, arrive dans le même donjon Mirabeau, pour écrire à peu près les mêmes livres ; et Mirabeau s'indignait pourtant qu'on l'eût enfermé dans la même prison que ce marquis de Sade qui lui faisait horreur !

Du donjon de Vincennes, le marquis de Sade fut transporté à la Bastille. C'étaient les derniers jours de la Bastille. La pauvre prison était lézardée et craquait de toutes parts. Le faubourg Saint-Antoine s'agitait autour du vieux monument, la menace dans le regard et la colère dans le cœur. En même temps grondaient au loin les premiers murmures, avant-coureurs de la révolution française. La France était emportée par ce tourbillon de passions et de réformes qui devait la mener si loin, par des chemins si sanglans, et la placer si haut. Le marquis de Sade profita de cet affaiblissement dans l'autorité qui se faisait sentir au pied du trône comme dans la profondeur des cachots. Un jour même que le marquis avait été privé de sa promenade habituelle sur la plate-forme, hors de lui, il saisit un long tuyau de fer-blanc terminé par un entonnoir qu'on lui avait fabriqué pour vider ses eaux, et, à l'aide de ce porte-voix, il se met à crier : au secours ! ajoutant qu'on veut l'égorger. Il appelle les citoyens ! Le peuple accourt et menace de loin la Bastille. M. de Launay, le gouverneur, écrit sur-le-champ à Versailles : on lui répond qu'il est le maître du prisonnier, qu'il en fasse à sa volonté, qu'il peut même disposer de sa vie, s'il le juge à propos : M. de Launay se contenta d'envoyer de Sade à Charenton. Enfin, le 17 mars 1790, parut le décret de l'assemblée constituante qui rendait la liberté à tous les prisonniers enfermés par lettres de cachet ; le marquis de Sade sortit de prison, il fut libre. — *Fasse le ciel qu'il soit heureux!* disait sa belle-mère.

Alors arriva bientôt 92, puis 93; vinrent les réactions sanglantes, vinrent les dictateurs tout-puissans, vinrent Danton et Robespierre; alors toutes les places publiques furent encombrées de ces machines rouges qui marchaient du matin jusqu'au soir. Vous croyez peut-être que le marquis de Sade, après tant de meurtres ébauchés, l'homme sanglant, va enfin se livrer à cœur-joie à sa manie de carnage, et se repaître, au pied de l'échafaud, de supplices et de larmes! Vous ne connaissez pas cet homme : les bourreaux de 93 lui font pitié. Il ne comprend pas la mort politique, il a horreur du sang qui n'est pas répandu pour son plaisir. Pourtant il y avait parmi les victimes de 93 bien des femmes jeunes et belles, bien des jeunes gens d'une grande espérance et d'un grand nom; il y avait là des larmes bien amères, et jamais, que je pense, un homme de ce caractère ne fut à une plus complète et plus charmante fête de meurtres et de funérailles; mais, je vous l'ai dit, cet homme dans ses livres avait combiné des supplices si impossibles, rêvé des morts si extraordinaires, arrangé des tortures si cruelles, qu'il ne prit aucun goût à la Terreur. Au contraire, il fut bon, humain, clément, généreux. Sur la réputation de ses livres, on l'avait fait secrétaire de la société des *Piques*; il profita de son pouvoir pour sauver les jours de son beau-père et de sa belle-mère, à qui il était odieux à si bon droit, et qui ne l'avaient pas épargné. En un mot, il alla si loin dans son horreur pour le sang, qu'il fut accusé d'être modéré, qu'il fut déclaré suspect et emprisonné aux Madelonnettes. S'il n'est pas mort sur l'échafaud comme ancien noble, c'est sans doute par respect pour son génie. En un mot, tant qu'on ne fut occupé dans Paris que de massacres, de septembriseurs, de guerres civiles, de rois menés à l'échafaud, d'un enfant royal abandonné à des mains mercenaires, le marquis de Sade regretta dans son âme les faiblesses, l'éclat, l'incurie, l'esprit, et même la Bastille de l'ancienne royauté.

Ce ne fut que sous le directoire, pendant cette halte d'un jour dans la boue de la royauté expirée, que le marquis de Sade se sentit à l'aise quelque peu. Depuis longtemps il menait une vie misérable. Faisant de mauvaises comédies pour vivre, y jouant souvent son rôle pour quelques louis, empruntant çà et là quelques petits écus pour ses maîtresses, et toujours ajoutant de nouvelles infamies à ses livres encore inédits. Lors donc qu'il eut bien vu toute la corruption du directoire, et toute la bassesse de ce pouvoir sans valeur et sans vertu, le marquis de Sade s'enhardit à publier ses deux chefs-d'œuvre. Restait seulement à trouver des éditeurs. Trois hommes se rencontrèrent qui se chargèrent de cette publication. Ils prirent d'abord connaissance du manuscrit, ils en regardèrent les gravures, et ils jugèrent que l'affaire était bonne sous Barras. Deux de ces hommes étaient libraires, le troisième, le plus coupable des trois, était un riche capitaliste. Le livre fut imprimé avec l'argent de ce dernier dont nous tairons le nom ; il fut inscrit sur le catalogue de ces deux libraires, il fut imprimé avec tout le luxe typographique de cette époque. Bien plus, l'auteur et les deux libraires eurent la touchante attention d'en faire tirer cinq exemplaires à part, sur beau papier vélin, pour chacun des cinq directeurs. Oui, on osa envoyer ces dix volumes aux hommes chargés du gouvernement de la France ; et ces hommes, au lieu de prendre cette démarche pour la plus amère ironie, et de s'en venger comme d'une sanglante insulte, firent remercier et complimenter l'auteur. Sous un

e livre se vendit publiquement. L'acheta
qui voulut l'acheter, et dans la presse quotidienne il n'y eut
pas un homme assez courageux pour flétrir cette production
comme elle le méritait.

Sur l'entrefaite, Bonaparte, revenu d'Égypte, rapportait
dans sa tête ces idées d'ordre et d'autorité sans lesquelles
la France était une dernière fois perdue; Bonaparte, le
héros, le vainqueur, le pouvoir, la grande pensée de notre
siècle; Bonaparte, le tendre époux de Joséphine, sobre,
sévère, vigilant, méditant le Code civil et la conquète du
monde. Jugez de son étonnement et de son dégoût, quand,
en rentrant chez lui, il trouva les deux ouvrages du marquis
de Sade, reliés et dorés sur tranche, avec cette dédicace :
Hommage de l'auteur. Le marquis de Sade avait traité le
général Bonaparte comme un membre du directoire. Quand
Bonaparte fut devenu premier consul, il retrouva ces mêmes
livres qu'il n'avait pas oubliés ! Un jour qu'il présidait le
conseil d'Etat, il vit sous son portefeuille un second exemplaire pareil au premier; il fait jeter l'ouvrage au feu. Le
lendemain et les jours suivans, la même main inconnue
plaça le même ouvrage à la même place, et chaque fois le
premier consul pâlissait d'effroi à chaque nouvel exemplaire
qu'il faisait brûler. A la fin, on cessa de lui jeter cette insulte
inutile; mais l'empereur devait se souvenir de l'outrage
fait au premier consul.

A peine en effet fut-il empereur, qu'il envoya de sa main
l'ordre au préfet de police de faire enfermer dans la maison
de Charenton, comme un fou incurable et dangereux, le
nommé Sade. Aussitôt l'ordre reçu, la police se transporte
dans la maison du marquis. Il était dans un cabinet où il
avait fait peindre les plus horribles scènes de son horrible
roman; toute sa maison était meublée à l'avenant. Dans un

appartement reculé, on découvrit deux éditions de ses œuvres, en dix volumes, *ornés* de cent figures. On trouva dans ses papiers une immense quantité de contes, récits, romans, dialogues et autres écrits, tous empreints des mêmes ordures; après quoi, en attendant qu'on le transférât à Bicêtre, on le conduisit à cette même prison de Charenton d'où il était sorti treize années auparavant.

Une fois prisonnier de l'empereur, ce fut pour toujours. Le marquis de Sade venait d'entrer dans la tombe. Là, pendant quatorze ans qu'il a encore vécu, le misérable s'est livré tant qu'il a pu à son penchant pervers. Rien n'a pu le guérir, ni le secret, ni le jeûne, ni la vieillesse, cette sévère réprimande à laquelle les plus endurcis obéissent. Cet homme était de fer. Vous l'enfermiez dans un cachot, il se racontait à lui-même des infamies. Vous le laissiez libre dans sa chambre, il vociférait des infamies par les barreaux de sa fenêtre. Se promenait-il dans la cour, il traçait sur le sable des figures obscènes. Venait-on le visiter, sa première parole était une ordure, et tout cela avec une voix très-douce, avec des cheveux blancs très beaux, avec l'air le plus aimable, avec une admirable politesse; à le voir sans l'entendre, on l'eût pris pour l'honorable aïeul de quelque vieille maison qui attend ses petits-enfans pour les embrasser. Voilà l'énigme qui a occupé toutes les intelligences contemporaines, et qu'aucune d'elles n'a pu expliquer.

Lui cependant, habitué aux prisons, et sachant ce que c'était que la volonté de l'empereur, s'arrangeait de son mieux dans cette ville immense remplie de folie et de crimes qu'on appelle Bicêtre. Chaque jour lui amenait sa distraction. Tantôt il assistait au départ de la chaîne, et les forçats lui disaient adieu comme à une vieille connaissance; tantôt il voyait entrer le condamné à mort, qui ne devait plus sortir de ces murs que pour aller à l'échafaud, et le condamné le regardait avec complaisance pour se fortifier dans cette idée que nous n'avons pas une âme immortelle. Puis il entrait dans ces parcs réservés à la folie, où l'homme, devenu une brute, s'abandonne à tous ses instincts et révèle tout haut les sentimens cachés de sa nature; d'autres fois il s'amusait à regarder ces êtres informes, à moitié nés, vieillards à dix ans, accroupis sur la paille, et cherchant à comprendre d'un air hébété pourquoi cette paille est infecte et salie. Il était donc là dans cette prison en homme libre; il était l'homme sage au milieu de ces fous, l'homme innocent au milieu de ces criminels, l'homme d'esprit au milieu de ces idiots. Il était l'âme de ce monde à part, il en était le génie malfaisant; on l'adorait, on l'écoutait, on croyait en lui. Ceux qui n'étaient pas assez heureux pour l'approcher, le regardaient de loin. Parmi tous ces grands coupables, tous ces grands criminels, et tous ces grands bandits dont l'histoire occupe l'une après l'autre les cent voix de la renommée (style impérial), le marquis de Sade était toujours le premier qu'on voulait voir, le premier qu'on voulait entendre; c'était un phénomène parmi tous ces phénomènes. Cette vieille prison de Bicêtre toute courbée sous le crime était fière de son marquis de Sade, comme la galerie du Louvre est fière de ses Rubens; bien plus, celui même qui n'entrait pas dans la prison, le voyageur qui passait sur la grand'route, se disait en regardant ces murs, et sans penser à personne autre : *C'est pourtant là qu'il est enfermé!*

Quelquefois, car, après avoir été rudement traité, il finit par jouir de la plus grande liberté dans Bicêtre, le marquis de Sade composait une comédie; quand sa comédie était faite, il bâtissait un théâtre dans la cour; cela fait, il allait chercher ses acteurs parmi les fous de la maison. Alors il les réunissait; il leur distribuait les rôles de sa comédie ; bientôt tous les rôles étaient appris, et, devant une brillante société de galériens et de grandes dames venues de Paris, on jouait la comédie du marquis de Sade. Tous ces pauvres fous jouaient leurs rôles à merveille, le marquis remplissait le sien de son mieux, la fête se terminait ordinairement par des couplets qu'il venait chanter lui-même en l'honneur des dames et du directeur de la prison, le ci-devant abbé Goulmier, qui était devenu le protecteur, et, disons-le, l'ami du marquis de Sade. Tant pis pour l'abbé Goulmier (1)!

J'avoue que pour un homme quelque peu observateur, ce devait être là un singulier spectacle, une comédie de l'auteur de tant d'actions infâmes jouée par des fous, dans la cour de Bicêtre, et le marquis de Sade recevant avec un orgueil tout littéraire les applaudissemens des galériens, ses compagnons de captivité !

Cependant il n'y avait pas de plaisirs innocens pour le marquis de Sade. Comme il était continuellement assiégé des mêmes visions de volupté meurtrière, il allait dans tout Bicêtre cherchant et faisant des prosélytes. Il était vraiment le professeur émérite de la maison. Il avait toujours dans ses poches, au service des détenus, soit un de ses livres imprimés, soit un de ses livres manuscrits. Il les jetait dans les cachots par un soupirail, dans l'infirmerie par-dessous les portes; sur le préau, il aimait à s'entourer de jeunes détenus dont il se faisait le professeur de philosophie et de morale, professeur écouté et applaudi s'il en fut. Il en fit tant, que bientôt les médecins de Bicêtre s'aperçurent que

---

(1) Une de ces comédies, s'il m'en souvient, se terminait par ces deux vers :
Tous les hommes sont fous ; il faut, pour n'en point voir,
S'enfermer dans sa chambre, et briser son miroir.

leurs malades étaient plus malades quand ils avaient seulement aperçu le marquis de Sade; que les fous étaient plus furieux, et les idiots plus idiots encore, et les forçats plus horribles que jamais quand ils avaient entendu le marquis de Sade. Le marquis jetait le poison dans l'âme de ces malheureux comme Mme de Brinvilliers le jetait dans la tisane des hospices. Les médecins se plaignirent donc au ministre de l'intérieur de ce prisonnier qui gâtait tous leurs malades. Un de ces médecins était M. Royer Collard, qui écrivit à ce sujet un fort énergique et fort remarquable mémoire à M. de Montalivet, dans lequel mémoire il est dit que lui, M. Royer-Collard, ne répondait plus de la guérison d'aucun malade, si on ne mettait un terme à ce désordre. Il concluait à ce que M. de Sade fût enfermé dans une prison plus étroite. Mais le marquis avait des protecteurs puissans. Chaque jour c'étaient auprès du ministre des recommandations nouvelles, parties de très-haut. J'ai vu même, qui le croirait? plus d'une jolie petite lettre écrite par de jeunes et jolies femmes du grand monde, qui demandaient tout simplement qu'on rendît la liberté à ce *pauvre marquis*. Ces jolies femmes ne sont déjà plus jeunes, elles ont peut-être appris depuis ce temps-là quel était leur protégé. Elles seraient bien malheureuses si elles se souvenaient qu'elles ont prié pour lui!

On ne rendit pas la liberté au marquis de Sade, mais on le laissa lâché dans l'intérieur de Bicêtre. La congrégation avait pris cet homme en amitié, et elle ne le trouvait pas si coupable qu'on le disait bien. Il passa donc sa vie au milieu de cette population dont il faisait les délices. Il conserva jusqu'à la fin ses infâmes habitudes; jusqu'à son dernier jour, il écrivit les livres que vous savez, trouvant chaque jour de nouvelles combinaisons de meurtre, ce qui le rendait tout fier. On peut dire que l'imagination du marquis de Sade est la plus infatigable imagination qui ait jamais épouvanté le monde. Rien ne put l'abattre, ni la prison, ni la vieillesse, ni le mépris, ni l'horreur des hommes; il ne fallut rien moins que la mort pour mettre un terme à l'œuvre épouvantable de cet homme. Il vivrait aujourd'hui, qu'il écrirait encore.

Il est mort le 2 décembre 1814, d'une mort douce et calme et presque sans avoir été malade. La veille encore, *il mettait en ordre* ses papiers. Il avait alors soixante-quinze ans. C'était un vieillard robuste et sans infirmités. A peine fut-il expiré, que les disciples de Gall se jetèrent sur son crâne, comme sur une admirable proie qui devait à coup sûr leur donner le secret de la plus étrange organisation humaine dont on eût jamais entendu parler. Ce crâne mis à nu, ressemblait à tous les crânes de vieillards : c'était un mélange singulier de vices et de vertus, de bienfaisance et de crime, de haine et d'amour. Cette tête, que j'ai sous les yeux, est petite, bien conformée; on la prendrait pour la tête d'une femme, au premier abord, d'autant plus que les organes de la tendresse maternelle et de l'amour des enfans y sont aussi saillans que sur la tête même d'Héloïse, ce modèle de tendresse et d'amour (1).

Héloïse, à propos du marquis de Sade ! L'amour paternel sur le crâne d'un homme qui a immolé tant d'enfans dans ses livres ! Cependant c'est une conclusion que je m'empresse d'adopter, elle ne peut qu'ajouter encore aux épais nuages qui enveloppent cet homme inexplicable. Quant à cette autre conclusion physiologique qui eût fait du marquis de Sade

---

(1) Cette note a été faite sur la tête même du marquis de Sade par un savant phrénologiste, qui a été bien étonné quand je lui ai dit de quel marquis c'était la tête. Il est vrai qu'il avait reconnu sur ce crâne l'organe de la destruction.

un fou comme un autre, la conclusion était bonne pour l'empereur, qui n'avait guère le temps d'en chercher une autre ; mais elle ne vaut rien pour le philosophe qui veut se rendre compte de toutes choses. Un fou ! le marquis de Sade ! Mais ce serait ôter à la folie ce quelque chose de sacré que lui ont accordé tous les peuples, ce serait faire de la plus grande maladie de l'homme, un crime.

Le marquis de Sade n'a pas plus le crâne d'un fou qu'il n'a le crâne d'Héloïse. C'est un homme bien organisé qui a perdu ses facultés à épouvanter ses semblables. C'est un homme digne de toute flétrissure et de tout mépris ; or, si c'était un fou il faudrait en avoir pitié.

J'ai tenu entre les mains plusieurs manuscrits inédits du marquis de Sade écrits dans l'oisiveté de sa détention. L'un de ces manuscrits, brûlé dans un grand feu, qui n'en a rien laissé, pas même la cendre, était tout-à-fait dans le goût de ses aînés. Ce qu'il y avait de remarquable, c'était un *post scriptum* de l'auteur : ce *post scriptum* résume fort bien tout cet homme qui ne pouvait pas laisser d'autre testament.

« P. S. *J'allais oublier deux supplices !* »

Un de ces supplices consistait à placer une femme sur un fauteuil *recouvrant un brasier ;* par un certain mécanisme habilement décrit et expliqué par l'auteur, ce fauteuil s'ouvrait en deux parties, et la malheureuse femme tombait sur les charbons ardents.

J'allais oublier deux supplices ! Et le malheureux se relevait de son lit de mort pour compléter sa gloire, sans doute afin qu'il pût se rendre cette justice à lui-même, que parmi toutes les scélératesses, non pas possibles, mais imaginables, il n'en avait oublié aucune.

Et cependant il a eu beau faire, il a eu beau tourmenter sa cruauté épuisée, parmi tous ces supplices du feu et du fer et de l'eau, parmi toutes ces tortures de la roue, du chevalet, du brasier ardent, il est un supplice qu'il a oublié, le plus cruel, le plus horrible de tous; ce supplice, le voici :

Vivre soixante et quinze ans obsédé par des pensées impies; passer sa jeunesse dans le crime, son âge mûr dans les cachots, et sa vieillesse à l'hôpital des fous; voir mourir toute sa famille, et ne pas oser suivre le convoi de sa femme de peur de la déshonorer; ne rêver que des crimes impossibles; être admiré dans tous les mauvais lieux du monde; être le poète des bagnes et l'historien de la prostitution; mourir comme on a vécu, tout seul, objet d'horreur et de dégoût; laisser après soi des livres, la honte de la pensée humaine, et qui ont presque déshonoré l'imprimerie et la gravure; voilà un supplice que M. de Sade a oublié.

P. S. Moi aussi, *j'allais oublier un supplice!* Mourir après avoir déshonoré tant d'aïeux honorables. Mourir, et savoir qu'on laisse à son fils un nom perdu, et penser que ce fils est un honnête homme, et comprendre qu'on sera seul ainsi dans l'éternité, également séparé par deux abîmes, du passé et de l'avenir de sa maison!

JULES JANIN.

LA VÉRITÉ
SUR LES
DEUX PROCÈS CRIMINELS
DU MARQUIS DE SADE.

Une notice biographique, rédigée par M. Jules Janin avec plus de talent que de vérité, a fait connaître aux gens de bonne compagnie, et même aux femmes, le nom, le caractère et les ouvrages de ce fameux libertin, qui ne pouvait guère prétendre à l'honneur de paraître en public et d'y étaler les souillures inouies de son imagination, puisque la société, redoutant le contact pestiféré de cet apôtre du crime et de la débauche, l'avait renfermé dans l'oubli d'une prison perpétuelle. Maintenant, grâce au style honnête et brillant de M. Janin, les faits et gestes du marquis de Sade se sont gravés fort décemment dans la mémoire de tout le monde, et l'auteur de ces romans abominables, qu'on n'ose pas nommer, a obtenu la gloire d'Erostrate, une célébrité d'horreur et d'effroi.

Si ses livres n'existaient pas, multipliés sans cesse en secret par une cupidité plus coupable peut-être que la corruption calculée qui les a produits, j'essaierais certainement de défendre le marquis de Sade contre ce qu'il y a d'exagéré, d'aveugle et d'injuste dans une partie des accusations qui le flétrissent ; je parviendrais sans doute à prouver que ce malheureux n'était pas d'abord tel qu'on le représente, un monstre prodigieux de scélératesse, et qu'il ne l'est devenu en vieillissant que pour se venger de la société à laquelle il imputait les malheurs de sa vie ; car il y a deux divisions bien tranchées dans l'existence du marquis de Sade : l'une appartient à l'histoire des mœurs de son temps, l'autre à l'histoire des plus hideuses maladies de l'âme ; celle-ci est la conséquence de la première ; chacune, à différens degrés, offre la satire des préjugés, des règles, des lois de la nature civilisée. C'est la passion qui a commencé la chute morale du marquis de Sade ; ce sont l'orgueil et le désespoir qui ont achevé de le précipiter dans un abîme infect où il eût voulu entraîner ses contemporains, de même que Satan peuplant l'enfer où la main de Dieu l'a plongé.

Mais il y a trop de preuves écrites de l'exécrable doctrine que prêchait au milieu des fous de Charenton le marquis de Sade en cheveux blancs, pour que j'élève la voix contre les fautes trop réelles de l'organisation sociale qui a fait d'un homme spirituel et distingué le plus insensé et le plus dangereux des criminels. Non, en présence de l'effrayante contagion que ces livres empestés répandent journellement parmi la jeunesse, je ne me sens pas le courage d'entreprendre une justification en faveur de l'écrivain qui forma l'absurde projet de pervertir l'espèce humaine, et consacra ses plus nobles facultés à l'exécution de ce qu'il regardait comme des représailles.

J'ai souvent interrogé des personnes respectables, dont quelques-unes vivent encore, plus qu'octogénaires ; je leur ai demandé, avec une indiscrète curiosité d'étranges révélations sur le marquis de Sade, et je n'ai pas été peu étonné que ces personnes, que leur moralité, leur position et leurs honorables antécédens mettent à l'abri de toute espèce de honteux soupçons, n'éprouvassent aucune répugnance à se souvenir de l'auteur de *Justine* et à en parler comme d'un aimable mauvais sujet. Il est vrai que ces derniers témoins du siècle passé avaient cessé de connaître le marquis de Sade depuis la déplorable scène qui eut lieu à Marseille, en juin 1772, et qui le fit condamner à mort par coutumace, le 11 septembre de la même année, arrêt qu'il fit casser six ans après dans un nouveau procès, où il parut hardiment pour se voir condamner à une simple amende de cinquante francs, au profit de *l'œuvre des prisons!*

Voici comme les biographes ont raconté cette mystérieuse affaire, d'après les *nouvelles à la main*, recueillies dans les *Mémoires de Bachaumont*. Le marquis de Sade, qui avait pris le titre de comte après la mort de son père, n'était pas devenu plus sage depuis le terrible scandale causé en 1768 par son aventure avec la fille Keller, mutilée dans une débauche, *sous prétexte d'éprouver des topiques;* les cent louis qu'il avait payés à cette misérable, et les six semaines pendant lesquelles il avait été enfermé au château de Pierre-Encise, à Lyon, semblaient l'encourager à commettre de plus grands crimes et à encourir des châtimens plus exemplaires. Il habitait alors son beau domaine de la Coste, près de Marseille; il vint en cette ville au mois de juin 1772, et y donna un bal où il avait invité beaucoup de monde. Mais par un raffinement de perversité incroyable, il avait glissé dans le dessert certaines pastilles de chocolat préparées avec des mouches cantarides. « L'on connaît la vertu de ce médicament, dit le nouvelliste. Elle s'est trouvée telle que tous ceux qui en ont mangé se sont livrés à tous les excès auxquels porte la fureur la plus amoureuse; le bal a dégénéré en une de ces assemblées licencieuses si renommées parmi les Romains. C'est ainsi que M. de Sade a pu se *faire aimer* de sa belle-sœur, avec laquelle il s'est enfui pour se soustraire au supplice qu'il mérite. Plusieurs personnes sont mortes de ces excès effroyables, et d'autres sont encore très-incommodées. » L'opinion publique s'empara du fait revêtu de ces odieuses couleurs, et le parlement d'Aix, en appliquant la peine de mort à l'auteur de cet *empoisonne-*

ment, confirma l'exactitude de la version qui circulait dans les salons de Paris et de Versailles. Plus tard, quand l'arrêt du parlement d'Aix fut cassé, et que le comte de Sade eut racheté sa tête par une amende de cinquante francs, son prétendu attentat, si romanesque et si atroce dans le but non moins que dans les circonstances, avait frappé trop vivement les esprits pour que la révélation tardive de la vérité parvint à effacer les fables qui avaient pris sa place.

Cependant la vérité était d'accord avec la vraisemblance pour détruire la calomnie que le marquis de Sade avait inventée contre lui-même. Je rapporte à ce sujet le récit que je tiens d'un vieillard digne de foi, et je suis seulement surpris que la famille de Sade, plus intéressée que moi à démentir le faux bruit de ce bal donné à Marseille et souillé par un inceste, n'ait pas publié bien haut comment les choses se sont passées.

Le marquis de Sade revint à Paris en 1766, après avoir fait la guerre en Allemagne et gagné sur le champ de bataille le grade de capitaine de cavalerie. Son père, qui lui reprochait plusieurs folies de jeune homme, avait hâte de le marier, dans l'espérance de le forcer par là à une conduite plus sérieuse. M. de Montreuil, président à la cour des aides, se trouvait lié d'amitié avec le père du marquis, et les deux amis délibérèrent ensemble d'ajouter à leur ancien attachement un nouveau gage de durée en mariant leurs enfans. M. de Montreuil avait deux filles, l'une âgée de vingt ans, l'autre de treize, toutes les deux également jolies, bien élevées, mais bien différentes d'humeur et de beauté. L'aînée était brune de teint, avec les yeux et les cheveux noirs, grande, majestueuse, remplie de talens, et pourtant exclusivement occupée de dévotion, négligente de plaire et dépourvue de toute chaleur de cœur, excepté dans l'exercice des vertus chrétiennes. La cadette, au contraire, qui, malgré son extrême jeunesse, avait déjà l'apparence physique de l'âge de puberté, n'était pas moins avancée du côté de l'intelligence : le principal caractère de sa figure consistait dans une expression de douceur angélique et de grâce suave que réfléchissaient ses yeux en harmonie avec sa peau blanche et sa blonde chevelure ; mais cette nature fraîche et délicate à l'extérieur devait bientôt se déclarer susceptible des passions les plus fougueuses et les plus fortes ; la religion n'était pas un frein capable de l'arrêter.

Le mariage avait été fixé de longue main, lorsque le marquis de Sade fut introduit dans la maison de M. de Montreuil. Par un hasard qui décida de son avenir, il ne vit pas sa future la première fois qu'il alla chez le père de celle-ci : elle était indisposée et ne se montra point ; mais sa jeune sœur la remplaça dans cette soirée, qui laissa des souvenirs si agréables au galant capitaine, qu'il se persuada facilement avoir rencontré la femme qu'il devait épouser. Cette demoiselle chantait d'une manière ravissante, et pinçait de la harpe avec tant de feu, qu'elle prenait un air inspiré dès qu'elle touchait les cordes qui s'animaient et parlaient sous ses doigts. Le marquis de Sade, qui aimait beaucoup la musique, fut enivré de celle qu'il entendait, et ce cœur, que les événemens ont convaincu de férocité, se sentit ému à la vue de cette charmante fille, aux accens de sa voix, aux sons de l'instrument qui lui empruntait une âme. Il se retira amoureux le soir même, il revint le lendemain plus amoureux, et se flatta d'avoir fait éprouver ce qu'il éprouvait.

Tant que dura l'indisposition de l'aînée des demoiselles de Montreuil, il fut très-assidu auprès de la cadette, qui sans doute ne reçut pas avec indifférence les soins dont elle était l'unique objet. Quand on présenta au marquis la femme qu'on lui destinait, il ne ressentit que de l'aversion pour elle, parce qu'il la regarda dès lors comme un obstacle au bonheur qu'il avait rêvé ; il dédaigna les solides qualités de cette jeune personne, qui les cachait sous une modestie décente, et qui avait pour guide de ses paroles et de ses actions un sentiment parfait de son devoir : elle acceptait donc avec une obéissance résignée l'époux que ses parens lui avaient choisi sans la consulter.

Mais le marquis de Sade n'était point aussi soumis à la volonté paternelle : il énonça la ferme intention de n'obéir qu'à son cœur dans une affaire qui intéressait tout son avenir ; il avoua au comte son père que, s'il consentait à devenir le gendre de M. de Montreuil, il entendait ne pas être contrarié dans ses affections, qui le portaient à demander la main de la fille cadette en refusant celle de l'aînée. Le comte de Sade, qui savait bien par expérience que son fils se sentait peu de penchant pour les habitudes conjugales, crut que c'était une défaite imaginée pour rompre le mariage projeté ; mais le marquis jura qu'il était prêt à épouser celle qu'il aimait. D'abord le comte de Sade, qui voulait seulement contracter une alliance de famille avec M. de Montreuil, ne vit aucun inconvénient à donner au marquis l'une ou l'autre des filles du président. Celui-ci, au contraire, jeta les hauts cris à la proposition que lui fit son ami, et, soutenu par l'entêtement de sa femme, il s'opposa formellement à l'union de sa fille cadette avec le prétendu de l'aînée. Le comte de Sade n'insista pas, en voyant combien était inébranlable la décision prise par M. de Montreuil, et il pensa que, dans une question de mariage, peu importait la répugnance ou l'empressement du mari : en conséquence, il enjoignit à son fils d'accepter la femme qu'on lui offrait.

Le marquis de Sade repoussa de toutes ses forces la contrainte qu'on lui imposait, et répondit à son père qu'il n'aurait jamais d'autre femme que la plus jeune des filles de M. de Montreuil. Le comte, entiché de ses prérogatives de père et des idées de la vieille noblesse, s'arma d'une menaçante sévérité, et somma le jeune homme de ne pas sacrifier à des enfantillages un parti sortable et avantageux ; il lui donna à opter entre une prompte soumission et un prompt départ pour l'armée, avec la perspective d'un dénuement absolu et d'un oubli perpétuel. Le marquis n'ignorait pas que son père lui tiendrait parole, et le punirait de sa résistance par la privation de ses revenus ; or, il ne pouvait se résoudre à manquer d'argent et à se trouver réduit aux modiques appointemens de capitaine. Il fit de nouveaux efforts auprès du comte pour obtenir au moins l'ajournement de ce mariage qu'il redoutait, comme s'il pressentait déjà ce qui en arriverait ; il s'adressa ensuite à M. de Montreuil, qui fut encore plus inflexible ; il recourut en dernier espoir à Mme de Montreuil, qui lui ferma la bouche avec une réponse froide et impérieuse ; il supplia enfin la plus jeune des demoiselles de Montreuil de l'aider à vaincre ces difficultés insurmontables, et il la vit elle-même, toute en larmes, intercéder son père qui chancelait, sa mère qui la maltraitait, sa sœur qui ne pouvait que pleurer avec elle.

Rien ne fit : les deux chefs de famille avaient arrêté entre eux les conditions du mariage qui allait s'accomplir ; tout était irrévocablement conclu avant que le marquis de Sade se fût soumis à cette tyrannie. Tout à coup il changea de rôle et de dessein ; il ne s'obstina plus à réclamer la liberté du choix d'une compagne, il ne s'ingénia plus à créer des délais et des embarras qui ne pouvaient être éternels, il se prêta de bonne grâce aux exigences de l'autorité paternelle, il épousa la fille ainée de M. de Montreuil. Mais, au fond de l'âme, il maudissait la société, les lois, l'opinion, parce qu'elles ne lui avaient donné aucun appui contre le pouvoir despotique d'un père qui était maître d'ordonner le malheur ou la ruine de son fils; au fond de l'âme, il songeait à revendiquer les droits méconnus de la sympathie, et à prendre de vive force, comme un voleur, le trésor qui lui appartenait, et auquel il n'avait pas renoncé : il avait la pensée d'un seul crime, pour l'accomplissement duquel tous les autres crimes lui paraissaient des jeux d'enfant ; il voulait rentrer dans la possession de son amante, que le titre de belle-sœur ne rendait pas sacrée pour lui. Dès ce moment, il esquissa son système de guerre secrète et de rébellion permanente contre l'ordre de choses établi dans le monde social.

Son ressentiment s'accrut de la tendresse que lui portait sa femme, qui mettait une sorte de religion à aimer l'époux qu'elle avait reçu des mains de ses parents : elle ne l'eût pas moins aimé, s'il avait été laid, sot et déplaisant ; mais elle l'aimait d'autant plus qu'il était charmant de figure, d'esprit et de manières. Le marquis de Sade, au contraire, ne la payait en retour que d'aversion et de mépris ; car il l'accusait d'être cause du chagrin profond qu'il avait conçu, lorsqu'il feignit d'étouffer pour elle l'amour dont il brûlait toujours pour la sœur de cette vertueuse épouse. Mme de Montreuil, se défiant de l'intelligence trop intime qu'elle remarquait entre son gendre et sa fille non mariée, éloigna celle-ci et l'enferma dans un couvent. Le marquis fut désolé de cette séparation, survenue au moment où il espérait se dédommager de la contrainte qu'il avait subie en se mariant, et rectifier les lois de la morale publique par les lois de la simple nature, suivant son système, qu'il commençait à dresser en théorie. Il se vengea de ce nouveau désappointement en lâchant la bride à ses mœurs, et en faisant rejaillir le scandale de sa conduite sur la femme innocente qui partageait son nom.

La mort de son père arriva un an après ce mariage néfaste. Devenu comte de Sade, quoique le titre de *marquis* lui soit resté, comme pour le distinguer de ses honorables ancêtres, et maître alors d'une grande fortune qu'il ne craignait plus de perdre au moindre caprice d'un rigide vieillard, il chercha, dans le tourbillon des plaisirs, les moyens d'étourdir l'amour incestueux qui le dévorait. Il ne savait pas en quel endroit était cachée Mlle de Montreuil, à laquelle il avait déclaré ses sentimens, et qu'il voyait prête à y répondre, quand on la lui enleva pour l'ensevelir dans un cloître : il s'épuisa en démarches inutiles afin de découvrir la retraite de sa belle-sœur ; mais, plus ses recherches étaient actives, plus la famille de Montreuil mettait de soin à les faire échouer. Enfin, il redoubla de folie et d'emportement dans ses libertinages, où il dépensait sa santé et ses richesses avec l'aide des roués de la cour et des plus méchans garnemens de bas étage. Tantôt il était le coryphée des orgies musquées du duc de Fronsac et du prince de Lamballe ; tantôt il se mêlait à des laquais dans d'ignobles saturnales. Initié aux mystères des petites maisons et des mauvais lieux, il avait déjà l'ambition de surpasser les prouesses licencieuses de ses compagnons de débauche.

Cependant on aurait tort de croire à la lettre les dénonciations de la veuve Rose Keller qui, le 3 avril 1768, conduite par le marquis de Sade dans sa maison d'Arcueil, y fut garottée et fustigée avec des circonstances obscènes, que Mme Dudeffant n'a pas osé décrire dans ses lettres à Horace Walpole, mais que les femmes les plus prudes se faisaient raconter, sans rougir, à l'époque où cette affaire eut tant d'éclat. Rose Keller était une prostituée qui accepta d'abord les honteuses propositions du marquis, mais qui s'effraya ensuite de l'appareil extraordinaire de torture que ce libertin déployait autour d'elle, peut-être pour se divertir de la crédulité et de la peur de cette fille; elle fut tellement effrayée que dès qu'elle se vit seule, elle rompit ses liens, se précipita par la fenêtre dans la rue, et risqua de se tuer pour échapper à la mort plus horrible qu'elle appréhendait. Elle se blessa dans sa chute; et le sang qui coulait de ses blessures émut d'indignation le peuple rassemblé autour de la victime nue, toute bleue de coups, et criant vengeance. On eut mis en pièces le marquis de Sade qui se sauva de table, à moitié ivre, et fut poursuivi à travers la campagne par les paysans furieux. La fille porta plainte; l'accusé fut arrêté, enfermé au château de Saumur, puis dans celui de Pierre-Encise à Lyon. C'était une première satisfaction donnée au scandale de l'attentat qui se réduisit, dans l'instruction, à des actes coupables de débauche, mais non qualifiés par la pénalité judiciaire; l'accusation fut mise à néant par des lettres d'abolition et surtout par le désistement de l'accusatrice, qui se contenta d'une somme de cent louis, laquelle lui servit de dot l'année suivante. Mais les détails hideux de cette accusation ne furent point oubliés dans le public, quoiqu'ils se trouvassent plus ou moins entachés d'exagération et de calomnie.

Cette aventure ne fit qu'irriter davantage contre la société tout entière cet homme orgueilleux et passionné qui ne croyait pas avoir forfait en achetant à prix d'or le droit de commettre même un crime. Le marquis de Sade descendit alors de la sphère élevée où sa naissance et sa fortune lui avaient assigné une place : il s'écarta des connaissances qu'il avait dans la haute aristocratie ; il se concentra dans des amitiés subalternes, fréquenta les comédiens et les gens de lettres les plus mal famés, s'entoura de femmes perdues et ouvrit libre carrière à ses goûts pervers. M. de Montreuil obtint un ordre de police pour que son gendre fût relégué en Provence, au château de la Coste. Le marquis de Sade y transporta son train de vie, ses habitudes dépravées, ses odieux complices ; mais comme il sentait la nécessité d'imposer à ses vassaux une apparence de respect et de crainte, il continua tous ses débordemens sous un air de bonne compagnie, et voulut étouffer la voix réprobatrice de l'opinion au milieu du fracas de son luxe et de ses divertissemens. La noblesse des environs afflua longtemps aux fêtes de la Coste, où la véritable comtesse de Sade était parodiée par une aventurière, tandis qu'elle demeurait à Paris, confinée obscurément dans la maison maternelle, sans adresser à son mari d'autres reproches que celui d'une conduite chaste et régulière en opposition avec la sienne. L'héritier du nom de Sade, plongé dans le vice, ne parvenait pourtant pas à triompher d'un amour qui le consumait.

Mme de Sade, par le conseil de ses amis et de sa famille, se décida enfin à se rapprocher de l'époux qu'elle avait pris sans le connaitre, et pour qui elle ne cessait d'implorer le ciel ; elle demanda au marquis la permission d'aller habiter le château de Saumane, qu'ils possédaient auprès de la fontaine de Vaucluse ; elle eut l'imprudence de lui dire qu'elle s'y rendrait avec sa sœur, récemment sortie du couvent. Le marquis de Sade apprit cette nouvelle comme la réalisation de sa plus chère espérance ; il applaudit perfidement au projet de sa femme, et promit d'aller la voir, aussitôt qu'elle serait à Saumane. Il lui tint parole : il était impatient de se retrouver vis-à-vis de sa belle-sœur, qui lui parut plus jolie après une absence de six ans. Mais cette absence avait agi sur la raison de Mlle de Montreuil, qui, d'ailleurs instruite de l'exécrable réputation du marquis, s'accusait de l'avoir aimé, sans se douter qu'elle l'aimait encore, et que ce feu couvert de cendres se rallumerait plus ardemment au moindre souffle de la séduction. Le marquis commença par tromper sa femme pour mieux abuser ensuite sa belle-sœur ; il affecta devant Mme de Sade un changement complet d'idées et de mœurs, il pleura même ses erreurs passées, et fit de tels sermens, que Mme de Sade y ajouta foi en bénissant la main de Dieu.

Mais la première fois qu'il put amener un tête-à-tête entre Mlle de Montreuil et lui, ce fut un langage bien différent : il lui jura qu'il n'avait jamais aimé qu'elle, et que les fautes même dont il s'avouait coupable, n'étaient que le résultat de cet amour poussé au désespoir ; il la menaça de se frapper de son épée, de se noyer dans la Sorgue, de se jeter du haut des tours de Saumane, si elle refusait de lui pardonner et de lui rendre le même amour dont il s'était cru digne avant de contracter un mariage détesté. Mlle de Montreuil, ébranlée par ces véhémentes protestations qu'accompagnait la pantomime la plus pathétique et la plus vraie, dissimula néanmoins son émotion en se retirant dans son appartement où le marquis ne réussit pas à la suivre. Il avait assez étudié les signes extérieurs qui trahissent le cœur des femmes, pour être certain que le cœur de sa belle-sœur lui appartenait toujours. Quant à lui, il aimait encore cette jeune personne avec tant de passion, qu'il résolut de l'enlever et de passer avec elle en pays étranger.

Voici l'étrange plan qu'il conçut et exécuta : il se rendit à Marseille dans le courant du mois de juin, accompagné d'un domestique affidé qu'il avait dressé à servir ses plus criminelles débauches ; il s'était pourvu de pastilles de chocolat, dans la composition desquelles entrait une forte dose de mouches cantharides, ce terrible et dangereux stimulant qui produit de si effroyables désordres dans le système nerveux. Les deux complices allèrent ensemble dans une maison de filles publiques où ils prodiguèrent le vin, les liqueurs, les pastilles spasmodiques : l'effet de ces pastilles ne se borna pas à des rires, des danses lascives et des symptômes dégoûtans d'hystérie : une des malheureuses, que la drogue excitante avait mise dans l'état des bacchantes de l'antiquité, s'élança par la fenêtre et se blessa mortellement tandis que les autres, à demi nues, se livraient aux plus infâmes prostitutions, à la vue du peuple accouru devant la maison qui retentissait de cris et de chants frénétiques. Le marquis de Sade et son valet s'étaient enfuis, mais ils furent aussitôt dénoncé à la vindicte publique, et les magistrats se réunirent aux médecins pour constater les circonstances de ce complot érotique. Deux filles moururent des suites de leur fureur impudique, ou plutôt des blessures que ces infortunées s'étaient faites dans une épouvantable mêlée.

Dès que le parlement d'Aix se fut saisi de cette affaire, le marquis de Sade, qui avait eu la précaution de se cacher, se fit écrire, par un des conseillers de ce parlement, une lettre dans laquelle on annonçait l'issue inévitable du procès, une condamnation infâmante, le supplice de la roue et la confiscation de tous les biens du coupable. Muni de cette lettre qui exagérait les détails du crime et qui en faisait un véritable empoisonnement, de la nature la plus scélérate, il se présente un soir au château de Saumane. Il avait eu soin d'éloigner sa femme ; il avait rassemblé en secret le plus d'argent possible, et obtenu même, en offrant de grosses remises, le paiement anticipé de ses fermages ; il avait enfin préparé une chaise de poste et des relais particuliers jusqu'à la frontière. Il entre précipitamment dans la chambre de sa belle sœur, se jette à ses pieds, les lui baise en poussant des sanglots étouffés, se nomme lui-même un monstre indigne de pitié, s'accuse des plus grands forfaits, et déclare qu'il va s'en punir par un suicide. Mlle de Montreuil, surprise, émue, épouvantée, lui demande en pleurant l'explication de ce grand trouble qu'elle essaie de calmer avec des paroles affectueuses.

— Je vous aime au point de ne vouloir plus vivre sans vous, dit-il avec tous les signes de la plus vive douleur ; je sais que vous ne m'aimez pas ; je sais que vous me méprisez ! Cette pensée a fait mon crime : j'étais décidé à périr, mais par une vengeance que j'aurais souhaité exercer sur l'humanité entière, je formais le dessein d'immoler avec moi quelques misérables qui m'avaient perdu de réputation, en m'attribuant des infamies que je renvoie à leurs infâmes auteurs ; j'ai préparé de mes mains le poison ; plusieurs personnes ont succombé ; le hasard m'a sauvé, et maintenant je vais me faire justice, après vous avoir dit adieu, pour échapper au châtiment qui m'est réservé.

Mlle de Montreuil ne comprit pas bien cette histoire inventée par le marquis de Sade, et la lettre qu'il lui fit lire ne servit qu'à augmenter le trouble de son esprit : elle voyait seulement que son beau-frère était exposé à une condamnation capitale, et elle se persuadait aveuglément qu'elle-même avait amené ce malheur en repoussant un amour capable de tout s'il était réduit au désespoir ; elle s'accusa donc de cruauté et d'injustice, elle supplia tendrement M. de Sade d'éviter le jugement qui l'attendait, de se dérober par la fuite aux conséquences de cette affaire, de sauver du moins sa tête, puisqu'il avait perdu l'honneur. C'était là le résultat que le marquis espérait de sa ruse.

— Eh bien! s'écria-t-il avec exaltation, je consens à vivre, je consens à fuir, si vous ne m'abandonnez pas, si vous m'aimez! autrement, adieu, laissez-moi mourir!

Une heure après, Mlle de Montreuil, toute pâle, toute tremblante, était assise à côté du marquis de Sade dans une chaise de poste, autour de laquelle les amis de celui-ci venaient le féliciter de sa conquête, et faire des vœux pour qu'il la conservât longtemps. La pauvre demoiselle restait muette au fond de la voiture, où sa honte et sa rougeur n'avaient pas d'autre voile qu'une nuit obscure à peine éclairée par quelques flambeaux : le marquis triomphait.

— Adieu, messieurs, dit-il gaiement aux témoins de cet enlèvement, faites comme moi pénitence : je vais fonder un ermitage en Italie et adorer le parfait amour.

Les deux amans partirent, et le 11 septembre de la même année le parlement d'Aix condamna le marquis à être rompu vif en effigie, malgré toutes les démarches des familles de Montreuil et de Sade pour empêcher cet arrêt. Le ravisseur semblait être corrigé de ses mauvaises mœurs et surtout de ce besoin de scandale qui l'avait tourmenté jusque-là ; il menait une vie rangée et très-édifiante, à l'inceste près, lorsqu'une maladie violente emporta dans ses bras Mlle de Montreuil à l'âge de vingt-un ans. La douleur que lui causa cette mort prématurée fut suivie d'un retour vers ses anciennes habitudes : il redevint un fanfaron de crimes.

Paul L. Jacob, *bibliophile*.

www.ingramcontent.com/pod-product-compliance
Lightning Source LLC
LaVergne TN
LVHW022113080426
835511LV00007B/795